AF384924

H. nᵒ. 1834/10 —

CATALOGUE

DES LIVRES

DE M*** *Le Duc de la Vallière.*

Dont la vente se fera dans les premiers jours du mois de Janvier 1773. Elle sera indiquée par affiches.

A PARIS,

Chez DEBURE, fils aîné, Libraire, Quai des Augustins.

M. DCC. LXXII.

AVIS.

Le Cabinet de Livres, dont nous donnons le Catalogue, a de quoi piquer la curiosité des Amateurs. Les Classes de la Théologie, de la Jurisprudence & des Sciences & Arts, contiennent quelques premieres Editions & plusieurs Livres rares. Celle des Belles-Lettres renferme une très belle suite de Poésie ancienne & moderne, de Piéces de théâtre & de Romans : elle avoit été formée anciennement par MM. de Bombarde & Guyon de Sardiere. Une personne distinguée & très versée dans la connoissance de notre ancienne Poésie & des Romans, a bien voulu nous communiquer ses lumieres, & nous désigner, comme rares, les articles qui font énoncés pour tels dans le Catalogue. Dans la partie de l'Hiſtoire, ainſi que dans les autres Claſſes, on trouvera pluſieurs articles en grand papier & en maroquin, qui viennent du Cabinet choiſi de feu M. Bonnemet.

CATALOGUE

CATALOGUE

DES LIVRES DE M. ***.

THÉOLOGIE.

Textes & Versions de l'Ecriture Sainte.

1 Paraphrase sur le Livre de Tobie, en vers françois, par Gatien de Morillon. *Paris*, 1675, in 12. v. b.

2 Le Livre de Job traduit en poësie françoise par A. Duplessis. 1552, in 8. m. r.

3 Paraphrase sur Job en vers françois, par Benserade. *Paris*, 1638, in 16. v. m.

4 La même, par Gatien de Morillon. *Paris*, 1668, in 8. v. b.

5 Paraphrase sur les neuf Leçons de Job, par Benserade. *Paris*, 1647, in 12. v. b.

6 Elégies sur les neuf Leçons de Job & autres poësies, par de la Groudiere. *Patis*, 1660, in 12. parch.

7 L'Esprit de Job, ou Odes imitées du Livre de Job, par Rouget. *Amsterdam*, 1759, in 8. v. m.

8 Psalterium Davidis. *Lugd. Bat.* apud Joh. & Dan. Elzevirios, 1653, in 12. m. c.

9 Jo. de Turrecremata Expositio super toto Psalterio. *Moguntiæ*, per *Pet. Schoyffer de Gernszheym*, anno 1476.

══Homeliæ Sancti Chrisostomi super Evangelistas. in fol. MSS. chartaceus.

10 Eadem Expositio. *Argentinæ*, anno 1482, in fol. non r.

11 Les cent Pseaumes de David, trad. en rithme françoise

A

par Jean Poictevin. *Poictiers*, 1551, in 12. m. r.

12 Les Pseaumes de David, trad. en françois par Théod. de Beze. 1581, in 8. parch.

13 Les mêmes, trad. en vers libres par Blaise de Vigenere. *Paris*, 1588, in 8. v. m.

14 Les mêmes, mis en vers françois par Philippe Desportes. *Paris*, 1603, in 8. v. b.

15 Les mêmes, par Michel de Marillac. *Paris*, 1625, in 8. m. r.

16 Les mêmes, par Bourlier. *Paris*, 1645, in 16. v. b.

17 Les mêmes, par Ranchin. *Paris*, 1697, in 12. v. b.

18 Les mêmes, par le Noble. *Paris*, 1698, in 12. v. b.

19 Paraphrase sur les Pseaumes de David, par J. B. Chassignet. *Lyon*, 1613, in 12. parch.

20 La même, par Ant. Godeau. *Paris*, 1648, in 4. v. b.

21 La même. *Paris*, 1656, in 12. v. b.

22 La même, par N. Frenicle. *Paris*, 1661, in 12. v. b.

23 L'esprit des Pseaumes de David en vers françois avec le latin à côté, par Florimont de Saint - Amour. *Paris*, 1728, in 8. v. b.

24 Les Sept Pseaumes, mis en vers françois par Racan. *Paris*, 1631, in 8. broc.

25 Les mêmes, par de Pinchesne. *Par.* 1671, in 12. v. b.

26 Paraphrase en vers françois des Sept Pseaumes de la Pénitence. *Paris*, 1702, in 12. v. b.

27 La même, par le Picart. *Soissons*, 1736, in 4. br.

28 Paraphrase des Pseaumes graduels, par Franç. d'Arbaud. *Paris*, 1633, in 8. parch.

29 Essai de Pseaumes & Cantiques, mis en vers. *Paris*, 1694, in 8. fig. v. m.

30 Les Proverbes de Salomon & l'Ecclésiaste, mis en vers françois par Paul Perrot. *Paris*, 1595, in 12. br.

31 L'Ecclésiaste trad. en vers lyriques. *Paris*, 1652, in 8. parch.

32 Paraphrase sur l'Ecclésiaste de Salomon, en vers françois, par B. Griguette. *Paris*, 1647, in 4. parch.

33 La même, par Jean de Saint-Aubin. *Lyon*, 1658, in 12. parch

34 La même, par Gatien de Morillon. *Par.* 1670, in 12. v. b.

35 Le Cantique des Cantiques, Pastorale Sainte, par de la Bonnodiere. *Caen*, 1708, in 8. v. b.

36 Explication en vers du Cantique des Cantiques de Salomon. *Paris*, 1717, in 12. v. b.

37 Le Livre de la Sagesse, trad. en vers françois. *Paris*, 1696, in 12. v. b.

38 Roberti Holkot Commentarii in Librum Sapientiæ Salomonis. *Basileæ*, 1489, in fol. v. b.

39 Les Lamentations du Prophete Jérémie, en Elégies, & la désolation de Tyr du Prophete Ezéchiel, Poeme épique. in 8. v. m.   1 . . 2 . .

40 Rhabani Mauri Commentarius in Libros Machabæorum. *Codex pergameneus sæculo XV exaratus*, in fol. relié en bois.   4 . . . .

41 Le Nouveau Testament de Notre Seigneur Jesus-Christ, trad en françois. *Mons*, 1668, in 4. v. f.   2 . . 1 . .

42 Le même. *Mons*, 1668, in 12. m. r.   4 — 1 . .

43 S. Thomæ de Aquino Glossa continua super IV Evangelistas. Anno 1476, in fol. relié en bois.   15 . . . .

44 Dissertations qui peuvent servir de prolégomenes de l'Ecriture Sainte, par Dom Augustin Calmet. *Paris*, 1720, 3 vol. in 4. v. f.   21 . . . .

Harmonies & Concordes Evangéliques.

45 Concordia IV Evangelistarum, per Zachariam Crisopolitam. Editio Primaria anni 1475, in fol. m. r.   18 . . . .

Ecrits & Evangiles apocryphes.

46 Joann. Alberti Fabricii Codex pseudepigraphus Veteris Testamenti. *Hamburgi*, 1722, 2 vol. in 8. v. f.   18 . 1 . .

Histoires & Figures de la Bible.

47 Icones Biblicæ, per Math. Merian. in 4. oblong. v. m.   6 — 12 . .
48 Quadrins historiques de la Bible. *Lyon*, 1559, in 8. fig. v. b.   2 . . . .

49 Tableaux sacrés de Paul Perrot, sieur de la Salle. *Francfort*, 1594, in 8. v. b.
50 Histoire Sacrée, par de Brianville. *Paris*, 1670, 1671 & 1675, 3 vol. in 12. fig. v. f.   20 — 10 . .

51 La Bible historiaux, ou les Histoires escolastes, translatée de latin en françois par Guyard des Moulins. MSS. sur vélin, avec miniatures, 2 vol. in fol. v. b.   48 - 10 . .

52 Histoire du Vieux & du Nouveau Testament, enrichie de figures. *Anvers*, Pierre Mortier, 1700, 2 vol. in fol. gr. pap. v. m. sans doux.   167 . . . .

A ij

321..2   53 Physique Sacrée, ou Histoire Naturelle de la Bible, trad. du latin de Jean Jacques Scheuchzer, enrichie de figures gravées par Jean André Pfeffel. *Amsterdam*, 1732. 8 vol. in fol. m. r.

30..   54 Ludolphi Carthusiani Opus de vita Christi. Editio Primaria anni 1474, in fol. relié en bois.

55 Le grand vita Christi, translaté de latin en françois. *Paris*, 1544, in fol. goth. parch.

3..   56 Collectura ex diversis Autoribus super Passionem Domini explicatam per quatuor Evangelistas. Anno 1479, in 4. relié en bois.

Traité de Rites Judaïques, & des choses mentionnées en la Sainte Ecriture.

16--16   57 Antiquités Judaïques, par Basnage. *Amsterdam*, 1713. 2 vol. in 8. fig. v. f.

Concordances de l'Ecriture Sainte.

58 Joan. Nivicellensis Abbatis Concordantiæ Bibliæ & Canonum totiusque Juris Canonici. *Basleæ*, anno 1489, in fol. non relié.

Liturgies.

1 - - 6   59 Guillelmi Durandi Rationale Divinorum Officiorum, Editio vetus absque ulla loci atque anni indicatione, in fol. bas.

20 -- 19 .. 60 Missale in usum Romanæ Ecclesiæ. Codex MSS. in membranis cum figuris auro & coloribus depictis in fol. relié en bois.

retiré.   61 Materia cogitandi de toto Missæ negotio, partim è Scripturis Sanctis, partim è priscæ Ecclesiæ ruinis eruta, per Urbanum Rhegium. *Augusta Vindelicorum*, per Henricum Stainer, 1528, in 8. non relié.

62 J. Launoii defensa Romani Breviarii Correctio circa Historiam Sancti Brunonis. *Argentorati*, 1656, in 12. parch.

1 - 8   63 Liber Hymnorum in metra noviter redactorum, per Henricum Bebelium. in 4. non relié.

64 Expositio Hymnorum. — Liber qui *Compotus* inscribitur *Lugduni*, per Joan. de Prato, anno 1488, in 4. bas.

65 Les Hymnes de l'année, traduites en vers françois par

1--8. 59 *Double.*

Nicolas Mauroy. *Troyes*, 1527, in 8. goth. v. m.

66 Cantiques de l'Eglise, mis en vers françois par Jacques Pinon. *Paris*, 1637, in 8. m. r.

67 Cantiques, Hymnes & Prieres des SS. Peres, mis en vers franc. par Pierre Tamisier. *Lyon*, 1590, in 16 v. f.

68 Heures de Notre-Dame, trad. de latin en vers françois par Pierre Gringore. *Par. J. Petit*, 1527, in 4. goth. v. b.

69 L'Office de la Vierge Marie, mis en vers par J. des Marets. *Paris*, 1647, in 12. m. n.

70 Le même, par Corneille. *Paris*, 1670, in 12. v. b.

71 L'Office des Chevaliers de l'Ordre du S. Esprit. *Paris*, Imp. Royale, 1703, in 12. m. r.

72 Heures manuscrites sur vélin, avec miniatures. Petit in 4. m. r.

73 Heures manuscrites sur vélin, avec miniatures, in 4. m. r.

74 Les Heures du Chrétien divisées en trois journées, par Magnon. *Paris*, 1654, in 8. v. m.

Conciles.

75 J. Launoii de recta Intelligentia Nicæni Canonis VI, & prout à Rufino explicatur, Dissertatio. *Parisiis*, 1662, in 8. parch.

Saints Peres.

76 Sancti Barnabæ Apostoli Epistola Catholica, græcè & latinè, cum notis Hugonis Menardi. *Parisiis*, 1645, in 4. vél.

77 Dionysii Areopagitæ Opera. SS. Ignatii & Polycarpi Epistolæ. *Parisiis*, anno 1498, in fol. non relié.

78 Clementis ad Corinthios Epistola prior, græce & lat. cum notis Junii. *Oxonii*, 1633, in 4. parch.

79 Le Livre des Persécutions des Chrétiens, trad. en françois par Octavien de Saint-Gelais. *Paris*, Verard, in 4. goth. v. ecc.

80 Sancti Augustini de Civitate Dei Libri XXII. Edit. Prim. cum Commentariis Thomæ Valois & Nicolai Triveth. *Moguntia*, per *Petrum Schoyffer de Gernszheym*, anno 1473, in fol. ch. mag. m. r. exemplar elegans.

81 La Cité de Dieu de S. Augustin, trad. en françois avec des Remarques par P. Lombert. *Paris*, 1675, 2 vol. in 8. v. f.

82 Le Manuel de S. Augustin, trad. en vers françois. *Paris*, 16 8, in 12 v. m.

83 Les Soliloques de S. Augustin, mis en vers françois. *Paris*, 1696, in 8 v. m.

84 Les deux Livres de S Augustin de la véritable Religion & des Mœurs de l'Eglise, trad. en françois. *Paris*, 1690, in 8 v. f

85 Les plus belles Pensées de S. Augustin, mises en vers françois par C. le Petit. *Paris*, 1666, in 12. v. b.

86 Sancti Leonis Papæ Sermones. *Venetiis*, anno 1485, in fol. v. b.

87 Euchier a Valerian, Exhortation Rationale, trad. en vers françois. *Lyon*, 1552, in 4. v. f.

88 Jacobi magni Sophologium. *Lugduni*, per Nicolaum Philippi de Benszheym & Marcum Reinhart de Argentina, absque anno, in fol. baf.

89 Visions du Taciturne, ou Fantaisies d'iceluy, mêlées de quelques Pensées des SS. Peres, & de quelques Traits historiques. in 8. MSS. sur papier. parch.

T H É O L O G I E N S.

Théologie Scholaſtique & Dogmatique.

90 GREGORII de Arimino Commentarii in Librum Sententiarum. *Pariſiis*, anno 1482, in fol. non relié.

91 Alfonſi de Toleto Commentarii in primum Librum Sententiarum. *Venetiis*, anno 1490, in fol. baf.

92 Secunda Secundæ S. Thomæ Aquinatis. Editio *Moguntina* anni 1472, in fol. v. f.

93 Petri Nigri Clypeus Thomiſtarum. *Venetiis*, anno 1481, in fol. baf.

94 Jacobi Almain Opuſcula Theologica. *Pariſiis*, Ægid. Gourmont, 1518, in fol. baf.

Traités ſinguliers de l'Incarnation de J. C. de ſa Paſſion & de ſa Mort.

95 Tractatus de ſingulari Puritate, & Prærogativa Conceptionis Jeſu Chriſti, per Vincentium de Bandelis. Ad exemplar *Bononiæ* imp. anno 1481, in 4. vélin.

96 Réponſe à la Differtation de M. Arnauld, touchant le

Livre du Corps & du Sang de Notre Seigneur, par Bertram. *Quevilly*, 1671, in 4. v. b.

Traités singuliers de la B. Vierge Marie, des Saints, & de leur culte & hommage.

97 Remundi Heremitæ Liber de Laudibus B. Mariæ Virginis, &c. *Parisiis*, anno 1499, in fol. non. relié.

98 Louanges de la Sainte Vierge, composées en rimes latines par S. Bonaventure, & mises en vers françois par P. Corneille. *Paris*, 1665, in 12. v. b.

Traités singuliers des Cérémonies Ecclésiastiques, & du Culte Religieux, &c.

99 Discours Ecclésiastiques contre le Paganisme des Roys de la Feve & du Roy-boit, par Jean Deslyons. *Paris*, 1664, in 12. v. f.

100 Traités singuliers contre le Paganisme du Roi-boit, par le même. *Paris*, 1670, in 12. v. b.

THÉOLOGIE MORALE.

Traités singuliers & moraux des Loix, de la Justice, des Actions humaines, des Jeux, des Divertissements & Spectacles, des Contrats, des Usures, des Restitutions, &c.

101 INSTRUCTIONS Chrétiennes touchant les Spectacles publics, par André Rivet. *La Haye*, 1639, in 12. v. f.

102 Sentiments de l'Eglise & des SS. Peres sur la Comédie & les Comédiens. *Paris*, 1694, in 12. br.

103 Traité contre les Danses & les Comédies, par S. Charles Borromée. *Paris*, 1664, in 12. v. b.

104 Traité de la Comédie & des Spectacles selon la tradition de l'Eglise. *Paris*, 1667, in 8. v. b.

105 Défense du Traité de M. le Prince de Conti touchant la Comédie & les Spectacles, par de Voisin. *Paris*, 1671, in 4. v. b.

106 Maximes & Réflexions sur la Comédie, par M. Bossuet. *Paris*, 1694, in 12. v. b.

THÉOLOGIE.

107 Difcours fur la Comédie, par le Pere le Brun. *Paris*, 1694, in 12. br.

108 Le même. *Paris*, 1731, in 12. v. m.

109 Traité des Reftitutions des Grands, par Joly. 1665, in 12. v. f.

Traités finguliers concernant les Difputes fur la Théologie morale, & fur celle des nouveaux Cafuiftes.

110 Les Provinciales, par B. Pafcal. *Cologne*, Pierre de la Vallée, 1657, in 12. m. r.

111 Les Imaginaires, où Lettres fur l'Héréfie imaginaire, par Nicole. *Liege*, 1667, 2 vol. in 12. v. b.

112 Satyre d'un Curé Picard fur les Vérités du tems. *Avignon*, 1754, in 12. v. m.

113 Relation hiftorique & apologétique des Sentiments & de la Conduite du P. le Courayer. *Amfterdam*, 1729, 2 vol. in 12. v. f.

Mêlanges de Théologie morale, contenant des Cenfures fur la Morale, des Réfolutions de Cas de Confcience, Conférences, divers Opufcules & Differtations.

114 Summa Anthonini, Archiepifcopi Florentini. Anno 1485, 4 vol. in fol. reliés en bois.

115 Frattris Aftexani fumma de Cafibus Confcientiæ. Editio vetus, abfque ulla loci atque anni indicatione, in fol. relié en bois.

116 Eadem. *Venetiis*, per Joannem de Colonia, anno 1478, in fol. non relié.

117 Frattris Rainerii de Pifis Summa quæ vocatur *Panthéologia*. Editio vetus, abfque ulla loci atque anni indicatione, in-fol. parch.

118 Focarium Pœnitentiale, tum Focario & Scintillantibus fulphuratis, Autore J. Coignet. *Parifiis*, 1537, in 8. v. b.

119 Guidonis de Monte Rocherii Manipulus Curatorum. Editio vetus, abfque ulla loci atque anni indicatione, in fol. relié en bois.

Théologie Catéchétique ou Inftructive.

120 Inftructions générales en forme de Catéchifme, imprimées par ordre de Charles-Joachim Colbert, Evêque de Montpellier. *Paris*, 1702, in 4. m. bl.

121 Les Essais de Morale, par Nicole. Suivant la copie
de *Paris*, 1672, 4 vol. pet. in 12. m. r.
122 Le Catéchisme en Cantiques. *Châlons*, 1681, in 12.
v. m.
123 Le Catéchisme Royal en vers, par Pierre le Blanc.
Paris, 1652, in 8. parch.

Théologie Parœnétique, ou des Sermons.

124 L'Art de prêcher. *Lyon*, 1682, in 12. v. b.
125 Les Caracteres des Prédicateurs, par Boyer. *Paris*,
1695, in 8. v. b.
126 Oliverii Maillardi Sermones Quadragesimales, Parisiis declamati. *Parisiis*, 1508, in 8. goth. parch.
127 Leonardi de Utino Sermones Aurei de Sanctis. *Nurembergæ*, per Ant. Coburger, anno 1478, in fol. baf.
128 Joannis Britsch Quadragesimale per totum anni spa-
tium deserviens, in fol. goth. baf.
129 Sermones parati de tempore & de Sanctis. in fol. relié
en bois.
130 Sermons de Bourdaloue. *Paris*, Rigaud, 1707, 16
vol. in 8. m. r.
131 Sermons du P. de la Rue. *Paris*, Rigaud, 1719, 4
vol. in 8. v. m.
132 Sermons du P. Cheminais. *Paris*, 1764, 5 vol. in 12.
v. b.
133 Sermons de Massillon, Evêque de Clermont. *Paris*,
veuve Etienne, 1745, 15 vol. in 12. v. m.

Théologie Mystique ou contemplative.

134 Thomæ à Kempis de Imitatione Christi, Libri IV.
Lugduni Batavorum, apud Elzevirios, in 12. m. r.
135 Le Livre intitulé, *Internelle Consolation*. *Paris*, 1554.
— L'Armure de patience. *Paris*, 1539, in 8. goth. v. m.
136 L'Imitation de Jésus Christ, trad. en françois par P.
Corneille. *Paris*, 1656, in 4. v. f.
137 Liber Trium-virorum & Trium-spiritualium Virginum.
Parisiis, Henricus Stephanus, 1513, in fol. v. m.
138 Revelationes Sanctæ Brigittæ. *Nurembergæ*, 1517,
in fol. v. f.
139 Codex chartaceus cujus initium desideratur, & in
quo continentur; 1°. Prophetiæ Sanctæ Hildegardis;

2°. Prophetia Merlini ; 3°. Nomina Episcoporum Ecclefiæ Maguntinenfis ufque ad initium fæculi XVII ; 4°. Meditatio de Incarnatione Chrifti. in fol. v. b.

140 Cantiques fpirituels fur les Vérités de la Morale Chrétienne. *Paris*, 1712, in 12. v b.

141 Sentimens Chrétiens, Politiques & Moraux, par de la Luzerne Garaby. *Caen*, 1654 in 4. parch.

142 La Piété affligée, par le P. Efprit. *Rouen*, 1652, in 4. parch.

Traités finguliers de l'Amour de Dieu, & de l'Oraifon, où font auffi rapportés les Traités du pur Amour & du Quiétifme, &c.

143 Introduction à la Vie dévote, en vers françois. *Paris*, 1653, in 12. baf.

144 La même. *Paris*, 1665, in 4. v. b.

145 Le Combat Spirituel, trad. en vers par Jean Defmarets. *Paris*, 1654, in 12. v. m.

146 Dévotes Méditations Chrétiennes fur la Mort & Paffion de Notre Seigneur Jéfus Chrift, par Dorron. *Par.* 1588, in 12. baf.

147 L'Ame Amante de fon Dieu. *Cologne*, 1717, in 12. fig. baf.

148 Le Chevalier enchanté, qui, dans l'étendue de fes defirs, donne affaut à l'Amour mondain, & lui fait à la fin quitter la place à la gloire du Divin, par N. Pilouft. *Paris*, 1618, in 12. parch.

149 La pieufe Alouette avec fon Tirelire. *Valenciennes*, 1619, in 12. v. m.

150 Les pieufes Récréations du P. Angelin Gazée, trad. en franç. par Remy. *Rouen*, 1637, in 12. parch.

151 Le Pélerinage de deux fœurs Colombelle & Volontairette vers leur bien-aimé en la Cité de Jérufalem. *Bruxelles*, Franç. Foppens, 1684, in 8. fig. v. f.

152 Les Saintes Affections de Jofeph, & les Amours facrées de la Vierge, par de la Serre. 1631, in 12. v. m.

153 L'Image de la Perfection, ou la Vie de la glorieufe Vierge Marie, mife en vers par P. de Veze. *Paris*, 1643, in 8. parch.

154 L'Orphée Sacré du Paradis, qui, par les mélodieux accords de plufieurs préceptes moraux, enchante les brutales affections du Vice, & en défabufe les Efprits

mondains ; par C. Girard. *Lyon* , in 8. vélin.

155 La Mémoire de Darie , où se voit l'idée d'une dévotieuse Vie & d'une religieuse Mort, par J. P. Camus. *Paris* , 1620, in 12. parch.

156 Dorothée, ou Récit de la pitoyable issue d'une volonté violentée , par le même. *Par.* 1621 , in 8. parc.

157 Agathe à Lucie , Lettre pieuse , par le même. *Paris* , 1622, in 12. parch.

158 Roselis, ou l'Histoire de Sainte Susanne , par le même. *Paris* , 1623 , in 8. parch.

159 Spiridion , Anachorete de l'Apennin, par le même *Paris* , 1623, in 12. parch.

160 Hermiante , ou les deux Hermites contraires , par le même. *Lyon* , 1623 , in 8. v. f.

161 Le Saint Désespoir d'Oléastre , par le même. *Lyon* , 1624, in 12. parch.

162 Alcime , Relation funeste , où se découvre la main de Dieu sur les Impies , par le même. *Paris* , 1625, in 12. parch.

163 Daphnide, ou l'Intégrité victorieuse, Histoire Aragonoise, par le même. *Lyon* , 1625, in 12. v. f.

164 La Pieuse Julie , Histoire Parisienne , par le même. *Paris* , 1625, in 8. v. f.

165 Palombe, ou la Femme honorable, par le même. *Paris* , 1625 , in 8. parch.

166 Diotrephe , Histoire Valentine, par le même. *Lyon* , 1626, in 12. v. f.

167 Hellenin & son Heureux malheur, par le même. *Lyon* , 1628, in 8. parch.

168 Cléarque & Timolas , par le même. *Rouen* , 1630, in 12. v. m.

169 Petronille, accident pitoyable , cause d'une vocation religieuse, par le même. *Paris* , 1632, in 8. v. f.

170 La Caritée, ou le Pourtraict de la vraye Charité, Histoire dévote, par le même. *Paris* , 1641 , in 8.

171 Réflexions sur la miséricorde de Dieu, par Madame de la Valliere. *Paris* , 1705, in 12. v. b.

172 Prieres & Œuvres chrétiennes, par Jean Desmarest. *Paris* , 1669, in 12. parch.

173 Explication des maximes des Saints , par Fenelon. *Paris* , 1697, in 12. m. r.

Traités généraux & particuliers de la Perfection Chrétienne,
dans les differens états de la vie.

174 Fr. Joan. Nider, Præceptorium divinæ legis. in fol.
goth. non relié.

175 Liber Floreti, in quo flores omnium virtutum, &
detestationes vitiorum metrice continentur. 1502, in 4.

176 La maniere de se bien préparer à la mort, par de
Chertablon. *Anvers*, 1700, in 4. fig. v. f.

177 Les véritables motifs de la conversion de l'Abbé de
la Trappe. *Cologne*, 1685, in 16. v. m.

Théologie Polémique.

178 Lettres de M. l'Abbé *** à M. l'Abbé Houtteville,
au sujet du Livre de la Religion chrétienne prouvée par
les faits. *Paris*, 1722, in 12. v. m.

179 Sommaire de la doctrine chrétienne, mis en vers
françois, par Michel Coyssard. *Lyon*, 1618, 2. vol.
in 12. v. f.

180 Exposition de la doctrine de l'église catholique,
sur les matieres de controverse, en forme de cantiques. *Frybourg*, 1719, in 12. br.

181 Théologie des insectes, traduit de Lesser, par P.
Lyonnet. *La Haye*, 1742, 2 vol. in 8. m. r.

182 Les Témoins de la Résurrection de Jesus-Christ, exa-
minés & jugés selon les regles du Barreau, trad. de
l'Anglois, par A. le Moine. *La Haye*, 1732, in 8.

183 Description de la source d'erreur, de ses maux & des
remedes qui lui sont propres, par Arnauld Sorbin. *Pa-*
ris, 1570. in 8. br.

184 Offrande aux Autels & à la Patrie, par Ant. Jaq.
Roustant. *Amsterdam*, 1764, in 8. v. m.

185 Lettres de quelques Juifs Portugais & Allemands, à
M. de Voltaire. *Paris*, 1769, in 8. br.

186 Victoria Porcheti adversus impios Hebræos, ex re-
cognitione Aug. Justiniani, *Parisiis*, Ægid. Gourmont,
1520, in fol. baf.

187 Æneæ Sylvii Dialogus contra Bohemos atque Tha-
boritas habitus de sacra communione corporis Christi.
Editio vetus, absque ulla loci atque anni indicatione,
in 4. v. f.

187 Double.

Théologie hétérodoxe.

188 Réponse aux deux Traités intitulés la Perpétuité de
la foi de l'église catholique , touchant l'Eucharistie,
1667 , in 12. bas.

189 Traité sur les miracles , par Jacques Serces. *Amsterdam* , 1729 , in 12. v. b.

190 Antithesis Christi & Antichristi. *Genevæ* , 1578 , in 8.
v. f.

191 Le Rasoir des Rasez , 1561 , in 8. v. f. Rare.

192 Histoire de la Mappemonde Papistique , 1566 , in 4.
m. r, Rare.

193

194 Traité du pouvoir absolu des Souverains , pour servir
d'instruction & de consolation aux églises réformées de
France. *Cologne* , 1685 , in 12. v. m.

195 La Politique du Clergé de France. *La Haye* 1682 ,
in 12. v. m.

196 Les derniers Efforts de l'innocence affligée. *La Haye,*
1682 , in 12. v. b.

197 Le Rabelais réformé par les Ministres. *Bruxelles* ,
1619 , in 8. v. f.

198 Il Catechismo , o verò instituzione Christiana , di
Bernardino Ochino. *In Basilea* , 1561 , in 8. parch.

199 Isaaci la Peyrere Præadamitæ , 1655 , in 16.

200 Joannis Hilperti , disquisitio de Præadamitis. *Amstelodami* , 1656 , in 16 non relié.

201 Les très-merveilleuses Victoires des Femmes du nouveau monde, par Guil. Postel. *Par.* 1553, gr. in 12. m. r.

202

203

204

205

206 Alardi Uchtmanni , vox Clamantis in deserto. *Me-
dioburgi* , in 8. v. f.

207 Thomæ Brown, Religio Medici. *Argentorati*, 1652, in 12. v. f.

208 La Religion du Médecin, trad. de T. Brown, 1668, in 12. v. b.

209 La Religion des Mahométans, trad. du latin de Reland. *La Haye*, 1721, in 12. v. f.

JURISPRUDENCE.

Droit Canonique.

210 GREGORII Papæ IX. Compilatio Decretalium, cum Glossis. Editio vetus, absque ulla loci atque anni indicatione, in fol. non relié.

211 Guidonis de Baiiso, commentaria super libros decretorum. *Lugduni*, 1516, in fol. ch. mag. baf.

212 Pauli Florentini, breviarium decretorum, in fol. goth. baf.

213 Constitutiones Benedicti Papæ XII. Codex mff. in membranis fæculo XIIII. exaratus, in 4. baf.

Traités de la Puiffance eccléfiaftique & politique.

214 Auguftini de Ancona Summa de ecclefiaftica poteftate. Defunt folia quædam ad calcem voluminis, in fol. non relié.

215 Le Songe du Vergier, lequel parle de la difputation du Clerc & du Chevalier. *Paris*, Jean Petit, in fol. goth. v. f.

Traité des Hérétiques & de ce qui les concerne.

216 Th. Bezæ, de hæreticis a civili Magiftratu puniendis libellus. *Parifiis*, 1554, in 8. velin.

Droit eccléfiaftique de France.

217 Hiftoire du Droit public eccléfiaftique françois, par M. de Burigny, *Londres*, 2 tomes en 1 vol. in 4. v. m.

218 Traité du Délit commun, & cas privilégié. 1611, in 8. v. m.

219 Tradition des Faits qui manifeftent le fyftême d'indépendance des Evêques. in 12. v. m.

Droit Ecclésiastique des Réguliers & des Religieux.

220 Statuta Ordinis Carthusiensis , nec non privilegia ejusdem Ordinis. *Basileæ*, Joan. Amorbachius , 1510, in fol. relié en bois. Rare.   80

221 Josephi Corvi Practica Criminalis, ad administrandam Justitiam in Ordine Fratrum Minorum. *Roma*, 1667 , in 8. parch.

222 Factum pour les Religieuses de Ste. Catherine lès Provins , contre les Peres Cordeliers. Oregnal, 1679, in 12. v. b.   1 - 4

223
224

225

226

227 La Vérité défendue pour la religion catholique, en la cause des Jésuites, contre le plaidoyer d'Ant. Arnaud, par François des Montaignes. *Turin*, 1595, in 12. v. m.

228 Contredits au Libelle intitulé, Histoire du Pere Henry, Jésuite, brûlé à Anvers, par François de Segusie. *Rouen*, 1602, in 12. parch.   1 - 12

229 Compte rendu des Constitutions des Jésuites, par M. de la Chalotais, 1762 , in 12. v. m.   1 - 3

230 Recueil des Décrets apostoliques, & des Ordonnances du Roi de Portugal , concernant la conduite des Jésuites dans le Paraguai. *Amsterdam*, 1760, 3. vol. in 12.   1 - 17

231 L'Apocalypse de Meliton, ou Révélation des mysteres cenobitiques , par Meliton. *St. Leger*, 1668 , in 12.   4 - 5

DROIT CIVIL.

Droit de la Nature & des Gens , & Droit public.

232 DE l'Origine des Loix , des Arts & des Sciences, & de leurs progrès chez les anciens peuples, par Goguette. *Paris*, 1758, 3 vol. in 4.   20

5 . 2 . 　233 De l'Esprit des Loix, par M. de Montesquieu. *Gene-*
ve, 2. tomes en 1. vol. in 4. v. f.

3 . . 　234 Traité philosophique des Loix naturelles, trad. de
Cumberland, par Barbeyrac. *Lauf.* 1744, in 4. v. m.

2 . . 8 　235 L'Ordre naturel & essentiel des Sociétés politiques.
Paris, 1767, 2. vol. in 12. baf.

29 . . 　236 Le Droit de la guerre & de la paix, par Hugues Grotius, trad. par Jean Barbeyrac. *Amsterdam*, 1724, 2
vol. in 4. g. p. v. b.

14 . 09 　237 Histoire des guerres & des négociations qui précéde-
rent le Traité de Westphalie, par le P. Bougeant. *Pa-*
ris, 1744, 3 vol. in 4. v. f.

Droit Civil ou Romain.

1 . . 1 　238 Institutiones Imperiales Justiniani, cum Casibus noviter emendatis. *Lugduni*, 1506, in fol. relié en bois.
239 Les Instituts de Justinien, trad. en vers françois,
in fol. goth. v. b.

240 Nicolai de Ubaldis Tractatus de successionibus ab in-
testato. *Tholofæ*, 1519, in 4. goth.

Droit François & ses différentes parties.

12 . . 　241 Traité de la Cour des Monnoies, par Germain Conf-
tans. *Paris*, 1658, in fol. gr. pap. v. b.

2 . 4 　242 Traité contre les Duels, par Jean Savaron. *Paris*,
1610, in 12. v. ec.

2 . 10 　243 Recueils des Statuts, Ordonnances & Réglemens du
royaume de la Bazoche. *Paris*, 1654, in 8. parch.

2 . 10 　244 Traité du Droit commun des Fiefs, par Goetfmann.
Paris, 1768, 2. vol. in 12. v. m.

. . . 　245 Masuerii Practica Forensis. *Francofurti*, 1613,
in 8. parch.

2 . 8 　246 Paradoxes sur la commune opinion débattus en forme de déclamations forenfes, pour exciter les jeunes
esprits en caufes difficiles. *Paris*, 1554, in 12. m. r.

3 . 12 　247 Mémoires sur la question de Préféance, pour MM.
les Ducs & Pairs de France, contre M. le Maréchal Duc
de Luxembourg. *Paris*, 1693, in 12. v. b.

1 . 4 　248 Mémoires intéressans sur la mort de Claudine Rou-
ge. *Lyon*, 1768, in 12. v. m.

3 . 3 　249 Procès Tragiques, avec les accusations, demandes
& défenses, par Alexandre-Vanden Buffche. *Anvers*,
1579, in 16. v. f.

SCIENCES

SCIENCES ET ARTS.

Philosophie ancienne & moderne.

250 Histoire de la philosophie payenne, par M. de
Burigny. *La Haye*, 1724, 2 vol. in 12. v. b.

251 La Vie de Pythagore, ses Symboles, ses Vers dorés,
& la Vie d'Hierocles, par Dacier. *Paris*, Rigaud,
1706, 2. vol. in 12. v. f.

252 Discours de l'Honnête Amour, sur le banquet de Platon, traduit en françois par Guy le Fevre, de la Boderie. *Paris*, 1588, in 8. parch.

253 Codex Pergameneus XIIII. sæculo exaratus, in quo
continentur varia Aristotelis Opera Philosophica, nec
non & collectio secundi Libri sufficientiæ Avicenni.
in fol. relié en bois.

254 Petri Hispani, tractatus summularum super Libros
Logicæ Aristotelis, Boetii & Porphyrii, cum expositione Versoris. *Parif.* in fol. non relié.

255 L. Annæi Senecæ Philosophi, & Marci Annæi Senecæ
Rhetoris opera omnia, ex emendatione justi Lipsii.
Lug. Bat. apud Elzevirios., 1640, 3. vol. in 12 m. b.

256 Le Cœur des Secrets de philosophie, trad. en françois. *Paris*, 1534, in fol. v. f.

257 Mélanges Philosophiques, par Formey. *Leide*, 1754,
2. vol. in 12. v. m.

258 Bigatrures Philosophiques. *Amsterdam*, 1759, 2.
tomes en 1. vol. in 12. v. m.

Ethique ou Morale.

259 Le Tableau de Cebes, traduit en françois. *Paris*,
1653, in 8. parch.

260 Les Distiques de Caton, trad. en françois. *Paris*, J.
Jeannot, in 4. br.

261 Les Préceptes de la Vie civile, trad. des Distiques latins de Caton, en vers franç. *Paris*, 1752, in 12. v. f.

262 Les Mots dorez de Caton, en latin & en françois.
Paris, D. Jeannot, in 12. v. m.

263 Les mêmes. *Paris*, 1583, in 12. parch.

264 Les Quatrains de Nuysement, sur les Distiques de
Caton. *Paris*, in 8. parch.

C

265 Réflexions Chrétiennes & Morales, sur les Distiques & sur les Sentences de Caton & des sept Sages de la Grece, trad. en vers françois par Pierre Marchant. *Genéve*, 1685, in 12. v. m.

266 Réflexions Morales de l'Empereur Marc Antonin, trad. en françois avec des remarques, par M. Dacier. *Paris*, Cl. Barbin, 1691, 2. vol in 12. m. r.

267 Boece, consolé par la Philosophie, trad. en françois. *Paris*, 1676, in 12. v. b.

268 Les Quatrains des sieurs Pybrac, Favre & Mathieu. *Paris*, 1667, in 8. fig. parch.

269 La Philosophie morale & civile de la Jessée. *Paris*, 1595, in 8. v. m.

270 Réflexions ou Sentences, & Maximes morales, par M. le Duc de la Rochefoucauld. *Par.* 1665, in 12. v. b.

271 Maximes de Baltazar Gracien, traduites de l'Espagnol. *Paris*, 1730, in 12. v. f.

272 Les Loisirs & Amusemens de ma solitude, ouvrage moral. *Lausanne*, 1764, in 12. v. m.

273 Amusemens de la Raison. *Paris*, 1747, in 12. v. m.

274 Les Veillées de Barthelemi Arnigio, trad. par Pierre de l'Arivey *Troyes*, 1608, in 12. parc.

275 La Nef des Princes & des Batailles de Noblesse, contenant plusieurs enseignemens pour fuir les vices & acquérir les vertus, par Rob. de Balsat. *Lyon*, 1502, in fol. v. m

276 L'Académie des Vertueux, par le sieur du Souhait. *Paris*, 1600, in 12. parch.

277 Le Spectateur, ou le Socrate moderne. *Paris*, 1716, 6. vol. in 12. v f.

278 L'Ecole du Monde. *Paris*, 1770, in 12. broch.

279 Dom. Jacobi de Paradiso Ord Carthusiensis, Tractatus de veritate dicenda aut tacenda. ═ Albertani Causidici, Tractatus de Doctrina dicendi & tacendi. ═ Aurelii Augustini Liber, de afflictu viciorum & virtutum. anno 1 72, in fol non relié.

280 Il Galateo, di Giovanni della Casa, o vero trattato de costumi, e modi, che si debbono tenere, o schifare nella comune conversazione *In Firenze* 1590, in 12. par.

281 La Fable des Abeilles ou les Fripons devenus Honnêtes gens, trad. de l'anglois. *Londres*, 1740, 4 vol. in 12 bas.

282 Sentimens & Maximes sur ce qui se passe dans la Société civile. *Paris:* 1697, in 8. parch.

283 Les Préjugés du public sur l'honneur, par Denesle. *Paris*, 1765, 3. vol. in 12. v. m. 3 -- 19 ..

284 Les Sauvages de l'Europe. *Berlin*, 1760, in 12. bro. 1 -- 13 ..

285 Les Caracteres, par Madame de Puisieux. *Londres*, 1750, in 12. v. m,

286 Jonathas, ou le vrai Ami, par de Ceriziers. *Bruxelles*, 1667, in 12. v. b. 1 -- 9

287 L'Ami des Jeunes Gens. *Lille*, 1764, in 12. v. m. 1 -- 5 .

288 L'Ecole des Filles. *Paris* 1669, in 12. 1 . . .

289 L'Ami des Filles. *Paris*, 1761, in 12. broch.

Politique.

290 Maximes Politiques, mises en vers par l'Abbé Esprit. *Paris*, 1669, in 12. v. b 1 -- 2 ..

291 Traités sur divers sujets intéressans de politique & de morale, 1760, in 12. v. m.

292 Vues d'un Citoyen *Paris*, 1757, 2. vol. in 12. v. m. 1 -- 12 ..

293 Pierre de Touche Politique, trad. en françois, de Boccalini. *Paris*, 1626, in 8. v. b.

294 L'Utopie de Thomas Morus, trad. en françois, par Samuel Sorbiere. *Amsterdam*, 1643, in 12. v. b.

295 2 .. 4 ..

296 Les Réponses aux Lettres de Nicolas Durand, dict le Chevalier de Villegaignon, ensemble la Confutation d'une Hérésie mise en avant par le même contre la souveraine Puissance & Authorité des Rois. in 12. v. m.

297 De l'Inviolable & Sacrée Personne des Rois. *Paris*, 1610, in 8. == Des Etats de France & de leur Puissance, trad de l'Ital. de Zampini. *Par.* 1588, in 8. v. m. 3 -- 1 ..

298 De l'Institution d'un Prince, par M. Duguet. *Lond.* 1739, in 4. v. m. 2 -- 15 ..

299 Le Héros très Chrétien, par Olry de Loriande. *Par.* 1669, in 12. v. f.

300 L'Honnête-Homme, ou l'Art de plaire à la Cour, par Faret. *Paris*, 1681, in 12. bas.

301 Le Favori de Cour, trad. de l'espagnol en françois, par Jacques de Rochemore. *Anvers*, 1557, in 12. v. m. 3 -- .

302 Mémoires & Instructions pour les Ambassadeurs, par de Walsingham. *Amsterdam*, 1700, in 4. v. f.

1 .. 13 .

284 - Double 1 .. 13 .

Traités sur le Commerce.

303 Histoire du Commerce & de la Navigation des Anciens, par Huet. *Paris*, 1727, in 12. v. m.

304 Dictionnaire universel de Commerce, par Philemont Louis Savary. *Paris*, 1723, 3 vol. in fol. v. f.

305 Traité général du Commerce, par Samuel Ricard. *Amsterdam*, 1714, in 4. v. b.

306 Essai politique sur le Commerce, par Jean-François Mellon. 1736, in 12. v. f.

307 Réflexions politiques sur les Finances & le Commerce. *La Haye*, 1738, 2 vol. in 12. v. f.

308 Relation de l'établissement de la Compagnie Françoise pour le Commerce des Indes Orientales. *Paris*, 1665, in 4. m. r.

309 Le Commerce de la Hollande, ou Tableau du Commerce des Hollandois. *Amsterd.* 1758, 3 vol. in 12. v. m.

310 Traité des Monnoies, par Henri Poullain. *Paris*, 1709, in 12. v. f.

311 Essai sur les Monnoies, par M. Dupré de Saint-Maur. *Paris*, 1748, in 4. v. f.

M É T A P H Y S I Q U E.

312 Elémens de Métaphysique, par l'Abbé Para. *Besançon*, 1767, in 8. baf.

313 Principes de Philosophie, par l'Abbé Genest. *Paris*, 1716, in 8. v. m.

314 Essais de Théodicée, par Leibnitz. *Amsterdam*, 1714, 2 vol. in 12. v f.

315 Simonis Portii de Mente humana Disputatio. *Florentiæ*, 1551, in 4. br.

316 Essai sur l'Homme, par Alexandre Pope, traduit en françois. *Lausanne*, 1745, in 4. v. écaill.

317 Recherches sur l'entendement humain, par Thomas Reid. *Amsterdam*, 1768, 2 vol. in 12. v. m.

Traités des Esprits & de leurs opérations ; de la Cabale, de la Magie, des Démons, &c.

318 Le Monde enchanté, par Balthasar Bekker. *Amsterd.* 1694, 5 tom. en 4 vol. in 12. v. f.

319 Idée générale de la Théologie Payenne, touchant l'Existence & l'opération des Démons. *Amsterdam*, 1699, in 12. v. m. : 3 - 12 ..

320 Les Génies assistans, & Gnomes irréconciliables. *La Haye*, 1718, in 12. v. b. - 1. - 12 ..

321 Discours des choses advenues en la ville de Mons à l'endroit d'une Religieuse possédée. *Douay*, 1586, in 12. v. m. 1 - 16 ..

322 Histoire admirable de la Possession & Conversion d'une Pénitente, séduite par un Magicien, par Sébastien Michaelis. *Paris*, 1613, in 8. v. m. - 2 - 2 ..

323 Histoire prodigieuse & lamentable de Jean Fauste, grand & horrible Enchanteur, avec sa Mort épouvantable. *Rouen*, 1667, in 12. parch. - 1 - 6 ..

PHYSIQUE.

324 HIERONYMI, Cardani de Subtilitate Libri XXI. *Basileæ*, 1582, in fol. non relié.

325 Ejusdem de rerum Varietate Libri XVII. *Basileæ*, 1557, in fol. v. b. 1 - 10 ..

326 Observations curieuses sur toutes les parties de la Physique. *Paris*, 1719, in 12. v. b.

327 Preuves des Existences, & nouveau Système de l'Univers, ou Idée d'une Philosophie nouvelle. *Paris*, 1702, in 8. v. b. 1 - 5 ..

328 Discours de la Connoissance des Bêtes, par le P. Ignace Gaston Pardies. *Paris*, 1672, in 12. v. b.

329 Amusement Philosophique sur le Langage des Bêtes, par le P. Bougeant. *Paris*, 1739, in 12. v. f. - 1 - 10 ..

Traités sur les Elémens, météores, &c.

330 Dissertations Académiques sur la nature du Froid & du Chaud, par Petit. *Paris*, 1671, in 12. v. b.

331 Traité de la Canicule & des Jours Caniculaires, par A. Porchon. *Paris*, 1688, in 12. v. b. 1 - 1 ..

332 Les trois Livres des Météores, par Isaac Habert. *Par.* 1585, in 12. v. f.

333 Lettre sur la Comete. 1742, in 12. m. r. 1 - ...

319 *Double* - - - - - 5 ...

HISTOIRE NATURELLE,

GÉNÉRALE ET PARTICULIERE,

228..10　334 HISTOIRE Naturelle, par MM. Buffon & d'Auben-
ton. *Paris*, Imp. Royale, 1749 & fuiv. 17 vol. in 4. v. m.

3..15..　335 Mélanges intéreffans & curieux, ou Abrégé d'Hiftoire
Naturelle, Morale, Civile & Politique de l'Afie, l'A-
frique & l'Amérique. *Paris*, 1763, 2 tomes en 1 vol.
in 12. v. m.

Hiftoire Naturelle des Métaux, Minéraux, Foffiles, Pétrifications, Pierres & Pierreries.

1..4..　336 Enumerationis Foffilium quæ in omnibus Galliæ Pro-
vinciis reperiuntur, tentamina, Autore Ant. J. d'Argenville. *Parifiis*, 1751, in 8. v m.

12..19.　337 La Lithologie & la Conchyliologie, par le même.
Paris, 1742, in 4. fig v m.

3..10　338 Traité des Pierres qui s'engendrent dans les terres &
dans les animaux, par Nicolas Venette. *Amfterdam*,
1701, in 12. fig. v b.

4..4.　339 Anfelmi Boetii de Boot Gemmarum & Lapidum Hiftoria *Lugd. Batav* 1647, in 8. v. f.

9..3..　340 Le parfait Joaillier, par le même. *Lyon*, 1644,
in 8. v. b.

1..6　341 Les Amours & nouveaux Efchanges des Pierres précieufes; Vertus & Propriétés d'icelles, par Remy Belleau. *Paris*, 1576, in 4. parch.

3..　342 Les Merveilles des Indes Orientales & Occidentales,
par Robert Berquen. *Paris*, 1669, in 4. v. m.

Hiftoire Naturelle des Eaux, Fleuves & Fontaines, Rivieres, Bains & Eaux Minérales.

1..6　343 Le Secret des Eaux Minérales acides, par P. le Givre.
Paris, 1667, in 12. v. b.
344 Traité des Eaux Minérales de Provins, par le même.
Paris, 1659, in 12. v. m.

2..10　345 Le Secret des Bains & Eaux Minérales de Vichy, par
Claude Fouet. *Paris*, 1679, in 12. v. b.

346 Petit Traité, enſeignant la véritable maniere de boire
les Eaux chaudes & froides Minérales des environs de
Plombieres, par de Rouveroy. *Epinal*, in 8. v. m.

AGRICULTURE ET BOTANIQUE.

347 LE Grand Propriétaire des Choſes, trad. en françois.
in fol. goth. v. m.

348 Le Bon Ménager, où il eſt traité du labour des
champs, &c. par Pier. Deſcreſſens. *Paris*, 1536, in f.

349 Le Compoſt & Calendrier des Bergers. *Paris*, Beau-
regard, in fol. goth. v. b.

350 Recette véritable, par laquelle tous les hommes de
la France pourront apprendre à multiplier & augmenter
leurs tréſors, par B. Paliſſy. *La Roch.* 1564, in 4. v. m.

351 Hortus Sanitatis. Editio Primaria Rariſſima. *Moguntiæ, anno* 1491, in fol. fig. m. r.

352 Guillelmi du Val Phytologia, ſive philoſophia Plan-
tarum. *Pariſiis*, 1647. in 8. parch.

353 Elémens de Botanique, par Pitton de Tourneforr.
Paris, Imp. Royale, 1694, 3. vol. in 8. v. m. Rare.

354 Mémoires pour ſervir à l'Hiſtoire des Plantes, par
Dodart. *Paris*, de l'Imp. Royale, 1679, in 12. v. b.

355 Traité des Arbres fruitiers, par M. Duhamel du
Monceau. *Paris*, Saillant, 1768, 2. vol. in 4. gr. pap.
fig v. f.

356 Mémoires & Inſtructions pour le plant des meuriers
blancs, & nourriture des vers à ſoye, par Iſnard. *Paris*, 1660, in 8. m. bl.

357 Les mêmes. *Paris*, 1665, in 8. v. f.

358 Hiſtoire Naturelle du Cacao & du Sucre. *Paris*,
1719, in 12. v. m.

359 Petri Magnol Botanicon Monſpelienſe. *Lugduni*,
1676, in 8. parchemin.

Hiſtoire Naturelle des Oiſeaux, Poiſſons & Inſectes.

360 Hiſtoire des Oiſeaux, par P. Belon. *Paris*, 1555,
in fol. fig. v. b.

361 La Deſcription Philoſophale de la nature & condition des Oiſeaux. *Rouen*, 1641, in 12. baſ.

348. Double

329..19
361 Recueil de Fleurs & d'Oiseaux peints fur papier en miniature, par Aubriet & Dubois. in fol. gr. p. m. r.
363 Recueil d'Oiseaux, Poiffons, Quadrupedes & Coquillages, peints en miniature fur papier & fur vélin, par Aubriet. in fol. gr. pap. m. r.

1..10..
364 Ordre Naturel des Ourfins de mer & foffilles, par Theod. Klein. *Paris*, 1754, in 8. v. m.

365 Divers Infectes, Pieces de poéfie. *Paris*, 1645, in 12. parch.

Hiftoire Naturelle des Prodiges, &c.

1..15
366 Julius Obfequens de Prodigiis, cum notis variorum, curante Franc. Oudendorpio. *Lugd. Bat.* 1720, in 8. v. m.

1..9..
367 Jules Obfequent des Prodiges, traduit de latin en françois, par George de la Bouthiere. *Lyon*, 1555, in 12. br.

3..""..
368 Catalogue des curiofités contenues dans le Cabinet de M. Bonier de la Moffon. *Paris*, 1744, in 12.

1..4..
369 Catalogue des Curiofités du Cabinet de M. Quentin de Lorangere. *Paris*, 1744, in 12. v. ec.

1..2..
370 Catalogue Raifonné des Effets curieux, contenus dans le Cabinet de M. le Chevalier de la Roque. *Paris*, 1745, in 12. br.

M É D E C I N E.

371 LEs Aphorifmes d'Hippocrate mis en vers françois, par de Launay. *Rouen*, 1642, in 8. v. f

1..""
372 Hippocrate dépaifé, ou la Verfion paraphrafée de fes Aphorifmes, en vers françois, par Louis de Fontenelles. *Paris*, 1654, in 4. v. b,

373 Commentaire en vers fur les Aphorifmes d'Hippocrate, par Cabotin. *Paris*, 1665, in 12. parch.

374 Bern. Gordonii Lilium Medicinæ. *Francofurti*, 1617, in 8. parch.

1..""
375 L'Art de faire des Garçons. *Montp.* 2. v. in 12. v. m.

3..""
5..""
376 Capitulaire auquel eft traité qu'un homme nay fans tefticules apparens, & qui a néanmoins toutes les autres marques de virilité, eft capable des œuvres du mariage, par Sebaftien Rouillard. *Paris*, 1603, in 12. m. verd.

377

1..".. 370 Doubles
1..2..370 Triples.

377 Les trois premiers Livres de la Santé, par Gerard François. *Paris*, 1583, in 12. parch.

378 Retardement de la Mort par bon régime, ou l'Ecole de Salerne, trad. en vers françois, par Geoffroy le Tellier. *Paris*, 1561, in 8. broch. } 1 - -

379 L'Ecole de Salerne, trad. en vers françois. *Paris*, 1749, in 12. v. m. - 1 - -

380 La même en vers burlesques. *Paris*, 1652, in 4. parch. - 1 - -

381 La même. *Paris*, 1664, in 12. parch.

382 Discours de l'Yvresse & Yvrognerie, par J. Mousin. *Toul*, 1612, in 8. parch. } 2 - 1

383 Le Cuisinier Méthodique. *Paris*, 1660, in 8. v. b.

384 Traité de Confiture, ou le nouveau parfait Confiturier. *Paris*, 1689, in 12. v. b. } 1 - -

385 Traité Pratique de l'hydropisie & de la jaunisse, par Marquet. *Paris*, 1670, in 8. v. m. 1 - 10 -

386 Recherches sur quelques points d'Histoire de la Médecine, concernant l'Inoculation. *Liege*, 1764, 2. vol. in 12. v. f. 2 - 10

387 De la Maladie d'amour, ou Mélancholie érotique, par Jacques Ferrand. *Paris*, 1623, in 8. v. m. 4 - 16 -

388 Recherches Pratiques sur les différentes manieres de traiter les maladies vénériennes, par Gardanne. *Paris*, 1770, in 8. v. m. 1 - 10 -

---

ALCHYMIE.

389 CHANSONS intellectuelles sur la Résurrection du Phénix, par Michel Maier, traduites en françois. *Paris*, 1758, in 8. v. m. - 1 - 4 -

390 Les Douze Clefs de philosophie de Basile Valentin, trad. en françois. *Paris*, 1659, in 8. v. m. - 3 - 19 -

391 Commentaire de Henry de Linthaut, sur le Thrésor des Thrésors de Christ, de Gamon. *Lyon*, 1610, in 12. 1 - 16 -

---

ARITHMÉTIQUE ET ALGEBRE.

392 A. Ulacq Tabulæ Sinuum Tangentium & Secantium. *Hagæ Comitis*, 1765, in 12. v. b.

393 Tables de Sinus Tangentes, Secantes, &c. par A. Ulacq. *La Haye*, 1651, in 8. parch. } 1 - 6 -

D

394 Maniere d'exécuter les Loteries les plus compofées, par Glover. *Paris*, 1705, in 12. v. b.

ASTROLOGIE.

395 LES vraies Centuries & Prophéties de Michel Noftradamus. *Amfterdam*, Janffon, 1668, in 12. m. r. l. r.

396 Prédictions tirées des Centuries de Noftradamus, 1673, in 12. parch.

397 Eclairciffement des véritables Quatrains de Michel Noftradamus. 1656, in 12. parch.

398 Commentaires du fieur de Chavigny, fur les Centuries de Michel de Noftradamus. *Par.* 1596, in 8. parch.

399 Les Contredicts du Seigneur du Pavillon les Lorris, aux fauffes & abufives prophéties de Noftradamus & autres Aftrologues. *Paris*, 1560, in 8. parch.

400 Jugemens Aftronomiques fur les Nativités, par Auger Ferrier. *Lyon*, 1582, in 16. v. m.

401 Les Pléiades du fieur de Chavigny, divifées en fept Livres. *Lyon*, 1603, in 8. parch.

402 Centuries Prophétiques, révélées par la Sacrée Theurgie, & Secrete Aftrologie, par Jean Belot. *Paris*, 1622, in 8. v. m.

ARTS.

Art du Deffein, de la Peinture, de la Gravure & de la Sculpture.

403 HARTMANNI Schoperi Panoplia omnium illiberalium & mechanicarum artium. *Francofurti*, 1568, in 12. fig v. f.

404 Hiftoire des Arts qni ont rapport au deffein, par P. Monier. *Paris*, 1698, in 12. v. b.

405 Des Principes de l'Architecture, par Felibien. *Paris*, 1676, in 4. fig. m. r.

406 Franc. Junii de Pictura veterum Libri tres. *Roterodami*, 1694, in fol. v. b.

407 Sentimens fur la Diftinction des diverfes manieres de Peinture, Deffein & Gravure, par A. Boffe. *Paris*, 1649, in 12, br.

406. *Double*.

408 Recueil de la diverſité des habits qui ſont à préſent en
uſage, tant en Europe, Aſie, Afrique & Iſles ; le tout
fait après le naturel. *Paris*, 1561, in 12 v. f.   — 3 . . . . .

409 Le Pitture di Bologna. *In Bologna*, 1706, in 12. parc.

410 Dictionnaire des Graveurs anciens & modernes, par
Fr. Baſan. *Paris*, 1767, 3. vol. in 12. baſ.   6 — 16

411 Catalogue Raiſonné des Tableaux du Cabinet du
Duc de Tallard. *Paris*, 1756, in 12. v. ec.   — 2 — 8

412 Catalogue Raiſonné des Tableaux de M. de Julien-
ne. *Paris*, 1767, in 12. v. ec.   — 2 — 9

Art Militaire.

413 Flavius Vegetius de re Militari. In fol. v. b.   — —

414 Les Stratagêmes de Frontin, traduits en françois par
Perrot d'Ablancourt. *Paris*, 1664, in 12. v. b.   1 — . . .

415 Dictionnaire Militaire. *Paris*, 1742, in 12. v. b.   —

416 De l'Attaque & de la Défenſe des Places, par de Vau-
ban. *La Haye*, 1737, in 4. fig. g. p. v. f.   10 — 5

417 Inventions nouvelles des Eperviers, & Globes de
guerre, par Ezanville. *Paris*, 1610, in 12. v. f.

418 Mémoires d'Artillerie, par Suritey de St. Remy. *Paris*, 1745, 3. vol. in 4. fig. v. f.   36 — 19

419 Loiſirs d'un Soldat au Régiment des Gardes Françoiſes. 1767, in 12. broch.

Art Pyrotechnique, ou du Feu, &c.

420 L'Art de la Verrerie de Neri, Merret & Kunckel,
trad. par M. d'Olback. *Paris*, 1752, in 4. fig. v. m.   11 — . . .

*Art Gymnaſtique, où il eſt traité du maniement des armes,
des chevaux, & de leur traitement ; de la chaſſe, de la
pêche, &c.*

421 Méthode & Invention nouvelle de dreſſer les chevaux, par le Comte de Newcaſtle. *Anvers*, Jacques
Van Meurs, 1658, in fol. fig. m. r. rare.   — 174 — 1

422 Ecole de Cavalerie, par de la Gueriniere. *Paris*,
1754, 2. vol. in 8. v. m.   — 5 — . . .

423 Phebus des déduits de la chaſſe des Bêtes ſauvages
& des Oiſeaux de proie. *Par*. Ant. Verard, *in* 4. goth. br.   — 1 — 10

*Traités ſinguliers des Jeux d'exercice & de divertiſſement ;
du ſaut, de la danſe, &c.*

424 Hiſtoire générale de la danſe, ſacrée & profane,
par Bonnet. *Paris*, 1724, in 12. v. m.   — 1 — . . .

2 . . 8 . . 425 La Danſe ancienne & moderne, par de Cahuſac. *La Haye*, 1754, 2. vol. in 12. broch.

426 Des Ballets anciens & modernes, ſelon les regles du théâtre. *Paris*, 1682, in 12. v. br.

3 . . 13 427 L'Art de nager démontré par figures, par Thevenot. *Paris*, 1696, in 12. m. r.

1 . . "" . . 428 La Philoſophie Royale du jeu des Eſchets, par G. Dupeyrat. *Par.* 1608, in 8. v. f.

1 . . 12 . . 429 Cinquante Jeux divers d'honnête entretien, par Innocent Rhinghier. *Lyon*, 1555, in 4. parch.

430 Le Plaiſant Jeu du Dodechedron de fortune. *Paris*, 1577, in 8. v. m.

1 . . 5 431 Inſtructions générales pour la teinture des Laines. *Paris*, 1671, in 12. v. b.

BELLES-LETTRES.

Grammaires des Langues Orientales, Grecque & Latine.

6 . . 16 . 432 De Phœnicum Litteris Commentatiuncula, aut. G. Poſtello. *Pariſiis*, 1552. in 16. v. f.

5 ~ 9 433 Traité de la Conformité du langage françois avec le grec, par Henri Eſtienne. *Paris*, Robert Eſtienne, 1569, in 8. m. r.

1 . . "" 434 La Comparaiſon de la langue & de la poéſie françoiſe, avec la grecque & la latine, par Deſmareſt de St. Sorlin. *Paris*, 1670, in 12. v. b.

" . . "" . . 435 La Porte Françoiſe ouverte pour faciliter l'entrée à la langue latine. *Lyon*, 1656, in 12. parch.

Grammaires & Dictionnaires de la langue françoiſe.

2 . . 9 436 Traité de la Grammaire françoiſe, par Regnier Deſmarais. *Paris*, 1706, in 4. v. m.

1 . . "" 437 Doutes ſur la langue françoiſe, par le P. Bouhours. *Paris*, 1674, in 12. v. b.

61 . . 10 438 Dictionnaire Univerſel de Trévoux. *Paris*, 1743, 7. vol. in fol. v. m.

1 . . "" 439 L'Apothéoſe du Dictionnaire de l'Académie, par Furetiere. *La Haye*, 1696, in 12. v. b.

440 Dictionnaire comique, fatyrique, critique, burlefque, libre & proverbial, par Philibert-Jofeph le Roux.
Amfterdam, 1750, in 8. m. viol.
441 Les Epithetes de M. de la Porte. *Paris*, 1571, in 8. par.
442 Les premices, ou le premier Livre des Proverbes
épigrammatifés, ou des Epigrammes proverbialifés,
par Henri Eftienne. 1594, in 8. parch.
443 Hiftoire de Camouflet, fouverain Potentat de l'Empire d'Equivopolis. *Equivopolis*, 1751, in 12. broc.

Rhéteurs & Orateurs anciens & modernes.

444 Veterum Oratorum Orationes, græce, cum latina in-
terpretatione quarumdam, edente Henrico Stephano. Typis ejufdem. 1575, in fol. v. f.
445 M. Tullii Ciceronis Opera omnia. *Lug. Bat.* ex Officina Elzeviriana, 1642, 10 vol. in 12. m. b.
446 Orationes Pii Papæ II, contra Turcos. Editio vetus,
abfque ulla loci atque anni indicatione, in 4. v. f.
447 Francifci Philelfi Orationes. *Parifiis*, 1515, in 4.
v. b.
448 Stephani Doleti Orationes II in Tholofam. in 8. m. b.

POÉTIQUE.

Introduction à la Poéfie.

449 Discours fur l'origine de la Poéfie, fur fon ufage,
& fur le bon goût, par Frain du Tremblay. *Par.* 1713,
in 12. v. b.
450 Introduction à la Poéfie. *Paris*, 1620, in 8. parch.
451 La Poétique d'Ariftote, trad. du grec par de Norville.
Paris, 1671, in 12. v. b.
452 Les fentimens du jeune Pline fur la Poéfie, *Par.* 1661,
in 12. parch.
453 Regles de Poétique, tirées d'Ariftote, d'Horace & de
Defpréaux, par Gaullyer. *Paris*, 1728, in 12. baf.
454 L'Art Poétique de Jacques Peletier. *Lyon*, 1555, in 8. b.
455 L'Académie de l'Art Poétique, par Deimier. *Paris*,
1610, in 8. parch.
456 L'Art Poétique, par Colletet. *Paris*, 1658, in 12. par.

457 Nouvelles Réflexions sur l'Art Poétique. *Paris*, 1668, in 12. v. b.

458 Remarques sur les nouvelles Réflexions touchant la Poétique. *Paris*, 1675, in 12. parch.

459 Lettres critiques & historiques touchant l'idée que les Anciens avoient de la Poésie, & celle qu'en ont les Modernes. *Paris*, 1712, in 12. v. b.

Poetes Grecs.

460 Le Théâtre des Grecs, par le P. Brumoy. *Paris*, 1730, 3 vol. in 4. v. f.

461 Les Œuvres d'Homere, trad. en vers françois par Salomon Certon. *Paris*, 1615, 2 vol. in 8. v. f.

462 L'Iliade & l'Odyssée d'Homere, trad. en franç. par la Valterie. *Paris*, 1682, 2 vol. in 12. v. b.

463 Les mêmes, trad. en franç. avec des Remarques par Madame Dacier. *Paris*, Rigaud, 1711, 6 v. in 12. m. r.

464 L'Iliade d'Homere, trad. en vers franç. par Hugues Salel. *Paris*, 1574, in 8. parch.

465 La même. *Paris*, 1577, in 8. vél.

466 La même. *Rouen*, 1605, in 12. v. b.

467 Le premier Livre de l'Iliade, trad. en vers françois par l'Abbé Regnier. *Paris*, 1700, in 8. v. m.

468 L'Homere travesti, ou l'Iliade en vers burlesques. *Paris*, 1716, 2 vol. in 12. fig. v. b.

469 Le premier Livre de l'Iliade d'Homere en vers burlesques. *Paris*, 1657, in 12. br.

470 L'Odyssée d'Homere, ou les Aventures d'Ulysse, en vers burlesques, par H. de Picou. *Paris*, 1650, in 4. br.

471 Les fantastiques Batailles des grands Rois Rodilardus & Croacus, trad. d'Homere. *Lyon*, 1534, in 12. m. r.

472 La Batrachomyomachie, ou la guerre des Grenouilles & des Rats, trad. du grec d'Homere en vers burlesques. *Paris*, 1658, in 12. parch.

473 Apologeme pour le grand Homere, par Guill. Paquelin. *Lyon*, 1577, in 4. br.

474 Les Besognes & les Jours d'Hésiode, mis en vers franç. par Jacques le Gras. *Paris*, 1586, in 12. m. r.

475 Les Poésies d'Anacréon & de Sapho, traduites en vers franç. par de Longepierre. *Paris*, 1684, in 12. v. f.

476 Les mêmes, par Gacon. *Rotterdam*, 1712, in 12. m. r.

477 Les Poésies d'Anacréon, trad. en vers franç. *Paris*, 1754, in 16. m. r.

478 Imitation des Odes d'Anacréon en vers franç. *Paris*, 1754, in 12. m. r.

479 L'Œdipe & l'Electre de Sophocle, trad. en franç. par Madame Dacier. *Paris*, 1692, in 12. v. f.

480 Les Idylles de Théocrite, trad. en vers franç. par de Longepierre. *Paris*, 1688, in 12. v. b.

481 Les Idylles de Bion & de Moschus, trad. en vers françois, par le même. *Paris*, 1686, in 12. v. f.

482 Le Pindare Thébain, traduction mêlée de vers & de profe, par de Lagaufie. *Paris*, 1629, in 8. parc.

483 Comparaifon de Pindare & d'Horace, par Blondel. *Paris*, 1673, in 12. v. b.

484 Les Sentences de Théognide, trad. en françois par Pavillon. *Paris*, 1578, in 12. non relié.

Poetes Latins anciens.

485 Recueil d'Epigrammes des plus fameux Poetes latins, trad. en vers franç. par Dufour. *Par.* 1669, in 12. v. b.

486 Marci Acci Plauti Comœdiæ, cum notis Variorum. *Lug. Bat.* 1645, in 8. velin.

487 Le Capitan, ou le *Miles Gloriofus* de Plaute, traduit en françois par d'Emanville. *Paris*, 1639, in 4. v. f.

488 Les Captifs, Comédie du même, traduite en françois par Cofte. *Amfterdam*, 1716, in 12. v. f.

489 Le Grand Térence, traduit en ryme françoife, par Mellin de St. Gelais. *Paris*, 1539, in f. goth. v. m.

490 Les Comédies de Térence, avec la Traduction & les Remarques de Madame Dacier. *Rotterdam*, 1717, 3. vol. in 12. v. b.

491 Les Œuvres de Lucrece, trad. en françois par le Baron de Coutures. *Paris*, 1692, 2. vol. in 12. v. f.

492 Les mêmes, par M. la Grange. *Paris*, 1768, 2. vol. in 8. fig. gr. pap. baf.

493 L'Anti-Lucrece, Poëme fur la Religion Naturelle, compofé par le Card. de Polignac, & trad. par M. de Bougainville. *Paris*, 1749, 2. vol. in 8. v. m.

494 Les Œuvres de Virgile, trad. en franç. par Octavien de St. Gelais. *Paris*, 1529, in fol. goth. v. f.

495 Les mêmes en vers françois. *Paris*, 1540, in fol. goth. parch.

496 Les mêmes, par Robert d'Agneaux. *Paris*, 1582, in 4. v. b.

497 Les mêmes, par l'Abbé de Marolles. *Paris*, 1673, in 4. v. b.

498 Les mêmes, trad. en françois, ornées de figures de M. Cochin, avec des Remarques par l'Abbé Desfontaines. *Paris*, Quillau, 1743, 4. vol. in 8. v. m.

499 Les Bucoliques & les Géorgiques de Virgile, trad. en vers françois par Michel. *Paris*, 1519, in 8. v. m.

500 Les Eglogues de Virgile, trad. en carme françois par Clement Marot, & Richard le Blanc. *Paris*, 1555, in 8. v. m.

501 Les mêmes, par Richer. *Rouen*, 1717, in 12. v. f.

502 Les quatre Livres des Géorgiques de Virgile, traduits en carme françois, par le Blanc. *Paris*, 1554, in 8. br.

503 Les mêmes, par Segrais. *Paris*, 1711, in 8. v. b.

504 Aristée, Episode du quatrieme Livre des Géorgiques, 1750, in 12. br.

505 L'Enéide de Virgile, trad. en vers françois par Segrais. *Paris*, 1668, in 4. v. f.

506 Les quatre premiers Livres de l'Enéide de Virgile, translatés de latin en vers françois par de Louis Desmasures. *Paris*, 1554, in 8. v. f.

507 Virgile Goguenard, ou le douzieme Livre de l'Enéide travesti. *Paris*, 1552, in 4. v. b.

508 Traductions de quelques Pieces de Virgile, Tacite Salluste, par Mademoiselle de Gournay. *Paris*, 1619, in 8. parch.

509 L'Eneide di Virgilio, del Annibal Caro. *Venetia*, 1581, in 4. v. f.

510 Quinti Horatii Flacci Carmina, cum notis Dan. Heinsii. *Lugd. Batavorum*, ex Officina Elzeviriana, 1628, 3. vol. in 16. m. r.

511 Eadem, cum notis Joannis Bond. *Amstelodami*, apud Dan. Elzevirium, 1676, in 12. m. r. litteris quadratis.

512 Eadem, Edente Johanne Pine. *Londini*, 1733, 2. vol. in 8. fig. v. f.

513 Eadem. *Birminghamiæ*, Typis Joannis Baskerville, 1762, in 12. v. f.

514 Les Œuvres d'Horace, trad. en vers françois, par Luc de la Porte. *Paris*, 1584, in 12. parch.

515 Les mêmes, par Robert & Ant. d'Agneaux. *Paris*, 1588, in 8. v. f.

516 Les mêmes. *Paris*, 1678, in 12. v. b.

517

517 Les mêmes. *Paris*, 1752, 5. vol. in 12. br.

518 Essai d'une nouvelle Trad. d'Horace, en vers françois, par divers Auteurs. *Amsterdam*, 1727, in 12. v. b.

519 Version des Odes & des Epodes d'Horace, commen-
cée à l'âge de 80. ans, & finie en deux mois par P. de
Marcassus. *Paris*, 1664, in 8. v. b.

520 Les Odes d'Horace en vers burlesques. *Paris*, 1652,
in 4. parch.

521 Les Sermons Satyriques d'Horace, trad. en vers françois, par Franç. Habert. *Paris*, 1551, in 8. m. r.

522 L'Art Poétique d'Horace, trad. en vers françois, avec
un Traité de la Versification françoise. *Paris*, 1721,
in 12. v. b.

523 La Bible des Poëtes de métamorphose. *Paris*, in fol.
goth. v. b.

524 Les Histoires des Poëtes comprises au grand olympe, en suivant la Métamorphose d'Ovide, par Des-
frans. *Niort*, 1595. in 4. parch.

525 Les Métamorphoses d'Ovide en Rondeaux, par Benserade. *Paris*, 1666, in 4. fig. v. f.

526 Les mêmes, mises en vers françois par Thomas Corneille. *Paris* 1697, 3. vol. in 12. fig. v. f.

527 Les mêmes en latin & en françois, avec des Explica-
tions historiques par l'Abbé Banier, avec des figur. de
B. Picart. *Amsterdam*, 1732, 2. vol. in fol. v. f.

528 Les trois premiers Livres des Métaphorphoses d'O-
vide, trad. en vers françois, par Clément Marot & B.
Aneau. *Lyon*, 1556, in 8. fig. parch.

529 L'Ovide Bouffon, où les Métamorphoses burlesques.
Paris, 1650, in 4. parch.

530 La Métamorphose d'Ovide figurée. *Lyon*, 1557,
in 8. fig. v. b.

531 Les Elégies choisies des amours d'Ovide, traduites en
françois, par de Villennes. *Paris*, 1672, in 12. bas.

532 L'Art d'aimer d'Ovide, avec les Remedes d'amour,
trad. en vers burlesques. *Paris*, 1662, in 12. bas.

533 Les Epîtres d'Ovide, mises en vers françois par Charles Fontaine. *Lyon*, 1552, in 12. parch.

534 Les mêmes. *Lyon*, 1573, in 16. parch.

535 Les Epîtres Héroïques d'Ovide, trad. en vers françois
par Mademoiselle l'Héritier. *Paris*, 1732, in 12. v. b.

536 Epîtres choisies d'Ovide, trad. en vers françois par
Richer. *Paris*, 1723, in 12. v. b.

E

2 .. 2 .. 537 Commentaires fur les Epîtres d'Ovide, par Meziriac. *La Haye*, 1716, 2. vol in 8. v. m.

538 Pieces choifies d'Ovide, traduites en vers françois par T. Corneille. *Rouen*, 1670, in 12. v. f.

16 -- 4 539 Phædri Fabulæ & Publii Syri Sententiæ. *Parifiis*, ex Typographia Regia, 1729, in 24. m. r. ch. mag.

540 Hippolyte Tragédie de Seneque, trad. par P. Linage. *Paris*, 1651, in 12. baf.

1 -- 16 541 La Pharfale de Lucain, trad. en vers françois par Brebeuf. *Paris*, 1655, in 4. v. b.

542. Lucain travefti, en vers enjoués. *Rouen*, in 12. parc.

543 Les quinze Livres de Martial, trad. en vers avec des remarques. *Paris*, 1675, in 4. v. b.

2 -- 10 544 Les Eftreines & les Apophoretes, ou les Préfens de Martial. *Paris*, 1667, in 8. parch.

545 D. Junii Juvenalis & Auli Perfii Flacci Satyræ, cum
1 -- 10 notis Variorum. *Lugd. Bat.* 1648, in 8. vélin.

546 Les Satyres de Juvenal en vers françois, par Denys Challine. *Paris*, 1653, in 12. v. b.

1 -- 547 Juvenal Burlefque, par Colletet. *Paris*, 1657, in 12. parch.

548 Traduction des Satyres de Perfe, par de Silvecane. *Lyon*, 1693, in 12. v. m.

549 Les Satyres de Perfe, trad. en vers françois par le Noble. *Paris*, 1704. in 12. v. b.

2 -- 1 550 Traduction d'une ancienne Hymne fur les Fêtes de Vénus. in 12. baf.

Poetes Latins Modernes.

2 -- 18 551 Hortus Epitaphiorum Selectorum. *Parifiis*, 1648, in 12. v. b.

552 Marci Hieronymi Vidæ Opera Poetica. *Bafilea*, 1537, in 8. non relié.

1 553 Les Eglogues de Baptifte Mantuan, trad. en françois par Laurent de la Graviere. *Lyon*, 1558, in 8. parch.

554 Les Divines Poéfies de Marc-Antoine Flaminius, mi-
3 fes en françois par Anne de Marquetz. *Paris*, 1568, in 8. parch.

555 Les Apologues & Fables de Laurent Vallé, trad. en françois in 4. fig goth. v. m.

556 Poéfies de Marc-Antoine Muret, mifes en vers franç.
1 -- 13 par M. P. Moret. *Paris*, 1682, in 12. v. b.

1 -- 16. 542. *Double*.

557 La sacrée Poésie & Histoire Evangélique de Juvencus, mise en vers françois par Pierre Tamisier. *Lyon*, 1591, in 12. m. c.

558 Discours sur la Tragédie de Heinsius, intitulée *Hero-des Infanticida. Paris*, 1636, in 8. v. m.

559 Les Poésies latines & françoises de Nicolas Rapin. *Par.* 1610, in 4. parch.

560 Sebastiani Brant Navis stultifera Mortalium. *Parisiis*, Jodocus Badius, 1505, in 4. fig. v. f.

561 Le Cordelier, ou le Saint François de George Buchanan, mis en vers franç. *Geneve*, 1567, in 4. v. f.

562 Les Epigrammes d'Owen, trad. en vers françois. *Par.* 1709, in 12. v. m.

POETES FRANÇOIS.

Collections & Extraits des Poetes François, avec les Traités Préliminaires.

563 TRAITÉ de la Poésie françoise. *Paris*, 1685, in 12. v. b.

564 L'Ecole des Muses, dans laquelle sont enseignées les regles de la Poésie françoise. *Paris*, 1669, in 12. parc.

565 Regles de la Poésie françoise, par de Chalons. *Par.* 1716, in 12. v. b.

566 L'Art de la Poésie françoise & latine, par de la Croix. *Lyon*, 1694, in 12. v. b.

567 Art Poétique françois. *Paris*, 1548, in 8. parch.

568 Traité sur la Versification françoise, par P. Richelet. *Paris*, 1672, in 12. bas.

569 Raisonnemens hasardés sur la Poésie françoise. *Amsterdam*, 1737, in 12. bas.

570 Histoire de la Poésie françoise, par Mervesin. *Paris*, 1706, in 12. v. b.

571 La même, par Massieu. *Paris*, 1739, in 12. v. f.

572 Description du Parnasse françois, par Titon du Tillet. *Paris*, 1727, in 12. v. m.

573 Extraits de quelques Poésies du XII, XIII, XIV siecle. *Lausanne*, 1759, in 12. v. m.

574 Recueil de plusieurs pieces tirées de Clément Marot & autres. 1549, in 12. v. f.

575 Recueil de diverses Poésies. *Paris*, 1553, in 8. v. b.

576 La Muse Chrétienne, ou Recueil des Poésies Chrétiennes tirées des principaux Poetes françois. *Paris*, 1582, in 12. parch.

577 Recueil de Poésies de Duperron, Bertaud & autres. *Paris*, 1598, in 12. br.

1 -- 6

578 Les Fleurs des plus excellens Poetes de ce tems, par Duperron. in 12. br.

579 L'Académie des Poetes françois modernes. *Paris*, 1599, in 12. parch.

580 Le Jardinet de Poésie. *Lyon*, 1600, in 12. parch.

581 Recueil de Vers amoureux. *Paris*, 1602, in 8. parc.

582 Le Parnasse des plus excellens Poetes de ce tems. *Paris*, 1607. in 12. parch.

583 Le même. *Paris*, 2 vol. in 12. v. f.

584 Les Muses gaillardes, recueillies des plus beaux esprits de ce tems. *Paris*, in 12. parch.

585 Recueil des plus excellens vers de ce temps. *Rouen*, 1611, in 12. non relié.

586 Le Cabinet des Muses, ou Recueil des plus beaux vers de ce tems. *Rouen*, 1619, 2 vol. in 12. m. r.

587 Recueil des plus beaux Vers de MM. Malherbe, Racan, Maynard, Bois-Robert, Monfuron, Lingendes, Touvant, Motin & autres divers Auteurs. *Paris*, 1630, 2 vol. in 8. v. f.

588 Le séjour des Muses, ou la Crême des bons Vers. *Rouen*, 1630, in 8. m. r.

589 Les nouvelles Muses, recueillies de divers Auteurs. *Paris*, 1633, in 8. parch.

590 Le Jardin des Muses, ou Poésies recueillies de divers Auteurs *Paris*, 1642, in 12. v. b.

591 Les Plaisirs de la Poésie galante, gaillarde & amoureuse. in 12. v. f.

592 Recueil de Poésies diverses. *Paris*, 1647, in 4. v. m.

593 Recueil de divers Rondeaux. *Paris*, 1650, in 12. par.

594 L'Elite des bouts rimés de ce temps. *Paris*, 1651, in 12. parch.

595 Recueil des Epitres en vers burlesques, de Scarron & autres Auteurs. *Paris*, 1656, in 4. parch.

596 Les Muses illustres, par Colletet le fils. *Paris*, 1658, in 12. parch.

597 La Muse Coquette, recueillie par le même. *Paris*, 1665, in 12. br.

598 Les Délices de la Poéfie galante. *Paris*, 1664, in 12.
599 Les mêmes. *Paris*, 1666, 2 vol. in 12. baſ. — 1 - 7 -

600 Sentimens d'Amour, tirés des meilleurs Poetes, par Corbinelli. *Paris*, 1665, 2 vol. in 12. v. b.
601 Les nouvelles Fleurs du Parnaſſe. *Lyon*, 1667, in 12. mar. r. 1 - 11 -

602 Recueil de Pieces diverſes, contenant des Eglogues, des Elégies, &c. *Paris*, 1668, in 12. v. b.
603 Recueil de Poéſies, par Madame de Lauvergne. *Par.* 1680, in 12. v. f. 1 - 0 -

604 L'Elite des Poéſies héroïques & gaillardes de ce temps. 1683, in 12. br.
605 Recueil de Sonnets. *Paris*, 1683, in 12. v. b.
606 L'Année burleſque, ou Recueil des Pieces que le Mercure a faites pendant l'année 1682, par J. Croſnier. *Amſterdam*, 1683, in 4. br. 2 - -

607 Ramas de Poéſies vieilles & nouvelles. *Cologne*, 1689, in 12. br. 4 - 5 -

608 Recueil des plus belles Pieces des Poetes François, tant anciens que modernes. *Amſterdam*, 1692, 3 vol. in 12. v. f. 1 - 17 -

609 Recueil de quelques Poéſies morales. *Paris*, 1700, in 8. parch.
610 Recueil de Vers choiſis. *Paris*, 1701, in 12. v. b.
611 Nouveau Choix de Pieces de Poéſies. *La Haye*, 1715, 2 vol. in 12. v. b. 2 - 1 -

612 Recueil des Epigrammatiſtes François, anciens & modernes. *Amſterdam*, 1720, 2 vol. in 12. 4 - 10 -

613 Choix de Poéſies morales & Chrétiennes, depuis Malherbe juſqu'aux Poetes de nos jours. *Paris*, 1739, 2 vol. in 8. br. 1 - -

614 Recueil de Poéſies nouvelles. *Lond.* 1751, in 12. br.
615 La Pléïade françoiſe, ou l'Eſprit des ſept plus grands Poetes. *Berlin*, 1754, 2 vol. in 12. v. m. 2 - 11 -

616 Elite de Poéſies fugitives. *Londres*, 1764, 3 vol. in 12. v. m. 3 - 3 -

617 Le Fablier François, ou Elite des meilleures Fables, depuis la Fontaine. *Paris*, 1771, in 12. v. m. 1 - 17 -

618 Recueil de pluſieurs Enigmes. *Amſterdam*, 1684, in 12. fig. v. b. *imparfait.* 1 - 17 -

P O E T E S F R A N Ç O I S.

Premier âge : c'est - à - dire, depuis l'Origine de la Poésie françoise jusqu'à Clément Marot.

619 LE Roman de la Rose. *Paris*, Galliot Dupré, 1529, in 8. lettres rondes, édition recherchée.

620 Les Poésies du Roi de Navarre. *Paris*, 1742, 2 vol. in 8. v. m.

621 Les Faits, Dits & Ballades de Maître Allain Chartier. *Paris*, Pierre le Caron, in fol. goth. v. b. Rare.

622 Les mêmes. *Paris*, 1526, in fol. goth. bro. Rare.

623 Les Folles Entreprises, par Gringore. *Paris*, in 4. goth. non relié. Rare.

624 Les menus Propos, par le même. *Paris*, 1522, in 8. goth. parch. Rare.

625 Contredits du Prince des Sots, autrement dit Songe creux, par le même. *Paris*, in 12. v. f. Rare.

626 Les Loups ravissans, par Robert Gobin. *Paris*, Ant. Verard, in 4. goth. Rare, v. f.

627 Opuscules du Traverseur des voyes périlleuses. (Jean Bouchet) *Poitiers*, 1526, in 4. goth.

628 Les Triomphes de la Noble & Amoureuse Dame, & l'Art de honnestement aimer, par le même. *Par.* 1536, in fol. v. m.

629 Les Angoisses & Remedes d'Amour, par le même. *Poitiers*, Jean de Marnef, 1536, in 8. goth. v. m.

630 Le Jugement poétique de l'Honneur féminin, & séjour des illustres Claires & honnestes Dames, par le même. *Poitiers*, 1538, in 8. goth. v. m. Rare.

631 La Penthaire de l'Esclave fortuné. *Paris*, Alain Lotrian & Denys Janot, 1530, in 8. goth. v. b. très rare.

632 Les Epitres vénériennes de l'Esclave fortuné privé de la Cour d'Amour. *Paris*, Denys Janot, in 8. goth. v. f.

633 Le Château de Labour, auquel est contenu l'adresse de richesse & chemin de pauvreté. *Paris*, Galliot Dupré, 1532, in 16. m. r. Rare.

634 Controverses des Sexes masculin & féminin. *Paris*, 1541, in 8. v. b. Rare.

635 Les Simulacres & historiées Faces de la mort, en vers françois. *Lyon*, 1538, in 8. fig. m. r. très rare.

636 Les Œuvres de François Villon. *Paris*, Couftelier, 1723, in 12. v. b.

637 Le grand Teftament de Me. François Villon & le petit fon Codicille, avec le Jargon & les Ballades. *Paris*, Guillaume Nyverd, in 12. v. f.

638 Les Poéfies de Guillaume Coquillart. *Paris*, Couftelier, 1723, in 12. v. f.

639 Les Poéfies de Martial de Paris, dit d'Auvergne. *Paris*, Couftelier, 1724, 2. tomes en 1. vol. in 12. v. b.

640 Les Poéfies de Guillaume Cretin. *Faris*, Couftelier, 1723, in 12. v. f.

641 La Farce de Pierre Pathelin, avec fon teftament, à quatre perfonnages. *Par*. Couftelier, 1723, in 12. v. m.

642 La Légende de Maître Pierre Faifeu, mife en vers par Charles Bourdigné. *Paris*, Couftelier, 1723, in 8. v. b.

643 Les Faits & Dits de feu Maître Jean Molinet. *Paris*, Jean Longis, 1536, in fol. m. b. Rare.

644 Les Œuvres de Jean Marot. *Paris*, Pierre Roffet, in 8. non relié. Rare.

645 Les mêmes. *Paris*, Couftelier, 1723, in 12. v. b.

646 Œuvres Poétiques de Bonaventure des Periers. *Lyon*, 1544, in 12. v. f.

POETES FRANÇOIS.

Second Age : commençant à Clément Marot, & finiffant à Malherbe.

647 LES Œuvres de Clement Marot. *Lyon*, Gryphius, in 8. m. c. Edition recherchée.

648 Les mêmes. *Niort*, 1596, in 16. v. b.

649 Les mêmes. *Rouen*, 1607, in 12. parch.

650 Les mêmes. *La Haye*, 1700, 2. vol. in 12. m. n.

651 Les mêmes. *La Haye*, 1731, 4. vol. in 4. g. p. v. f.

652 Plufieurs Traités, par aucuns Poëtes, du différend de Marot, Sagon & la Huetérie. *Par*. 1539, in 16. v. b. Rare.

653 Le Contrepoifon des 52. Chanfons de C. Marot, fauffement intitulées par lui : Pfeaumes de David. *Paris*, 1561, in 8. bro.

654 Les Œuvres de Huges Salel. *Paris*, Etienne Roffet, dit le Faulcheur, in 8. v. b.

655 Œuvres Poétiques de Mellin de St. Gelais. *Paris*, 1719, in 12. v. b.

656 La Poéſie Françoiſe de Charles de Ste. Marthe. *Lyon*, 1540, in 12. v. f.

657 Délie, objet de plus haute vertu. *Lyon*, 1544, in 8. non relié.

658 Marguerites de la Marguerite des Princeſſes, très illuſtre Reine de Navarre. *Lyon*, 1547, in 8. parch. Rare.

656 Le Tombeau de Marguerite de Valois, Reine de Navarre. *Paris*, 1551, in 8. v. b.

660 Les Œuvres Poétiques de Jacques Pelletier. *Paris*, 1547, in 8. v. f.

661 La Fable du faux Cuyder, contenant l'Hiſtoire des Nymphes de Diane changées en Saules. *Lyon*, 1547, in 8 non relié.

662 Le Chant des Seraines. *Paris*, 1548, in 16. v. f.

663 L'Hiſtoire & Deſcription du Phœnix, par Guy de la Garde. *Paris*, 1550, in 8. v. b.

664 Les Exemples des Œuvres de Dieu & des Hommes, priſes du Livre de la Geneſe. *Paris*, 1551, in 8. v. m.

665 Le Siecle d'or, & autres Poéſies. *Lyon*, 1551, in 12. v f. Rare.

666 Les Conſidérations des quatre mondes, par Guil. de la Perriere. *Lyon*, 1552, in 8. m. r. Rare.

667 Imagination Poétique, par Bart. Aneau. *Lyon*, 1552 in 12. v. m.

668 Epithalame de Henry de Meſmes,& Jeann. Hennequin. 1552 in 8. br.

669 Amoureux repos de Guillaume des Autels. *Lyon*, 1553, in 12. parch. Rare.

670 Cantique du premier avenement de Jeſus-Chriſt, par Nicolas Deniſot. *Paris*, 1553, in 8. v. b.

671 Poéſies de Loys le Caron. *Paris*, 1554, in 12. v. m.

672 Les Œuvres Poétiques de Charles Fontaine. *Lyon*, 1555, in 8. v. f.

673 Les Amoureuſes Occupations de Guillaume de la Tayſſonniere. *Lyon*, 1555, in 8. parch. Rare.

674 Quatre Livres d'amour de Francine, par Jean. Antoine de Baif. *Paris*, 1555. in 8. br.

675 Les Amours du même *Paris*, 1572, in 8. m. r.

676 Les Paſſetemps du même. *Paris*, 1573, in 8. m. r.

677 Œuvres en rime du même. *Paris*, 1573, in 8. m. r.

678 Les Jeux du même. *Paris*, 1573, in 8. m. r.

679 Les Mimes, Enſeignemens & Proverbes du même. *Toloſe*, 1612, in 12. parc.

680

680 Choréide, autrement Louange du Bal, par de la Tour d'Albenas. *Lyon*, 1556, in 8. v. b.   1--1

681 Les Soupirs d'Olivier de Magny. *Paris*, 1557, in 8. m. r.   1--10

682 Les Amours du même. *Lyon*, 1573, in 16. v. m.   2--10

683 Les Odes du même. *Paris*, 1559, in 8. parch.   1--10

684 L'Ami Rustique & autres Poésies, par Berenger de la Tour. *Lyon*, 1558, in 12. baf.

685 Les Sonnets de Ch. d'Espinay. *Paris*, 1560, in 4.   1--

686 Hymnes du Tems & de ses Parties. *Lyon*, 1560, in 4. br.

687 La Chasse d'Amour, avec les Fables de Narcise & Cerbere, par François de Belleforest. *Paris*, 1561, in 8. v. f.   1--10

688 Les Articles du Traité de la Paix entre Dieu & les Hommes, par Artus Desiré. *Paris*, 1563, in 8. goth. br. Rare.   1--10

689 Erotasmes de Phidie & Gelasine. *Lyon*, 1567, in 8.

690 De la grandeur de Dieu, & de la connoissance qu'on peut avoir de lui par ses Œuvres, par P. Duval. *Paris*, 1569, in 8. br.   1--13

691 Le Livre de la Fontaine périlleuse, avec la Chartre d'amours. *Paris*, 1572, in 8. m. r.   2--9

692 Les Œuvres Poétiques de Claude Turrin. *Paris*, 1572, in 8. v. f.   1--9

693 Les Œuvres Poétiques de Pontus de Tyard. *Paris*, 1573, in 4. m. r.   15--15

694 Sonnets spirituels, par Jacques de Billy. *Paris*, 1573, in 8. v. f.   1--2

695 Les mêmes *Paris*, 1577, in 16. v. b.

696 Six Livres du second avénement de notre Seigneur, par le même. *Paris*, 1576, in 8. parch.   1--

697 La Vie, Faits, Passion, Mort & Résurrection de J. C. en vers françois, par Foucqué. *Paris*, 1574, in 8. v. f. Rare.   7--4

698 Poëmes Chrétiens de B. de Montmeja. 1574, in 8. m. r.   1--10

699 Le Portrait de la vie humaine, en vers françois, par Franç. Perrin. *Paris*, 1574, in 8. v. f.   1--10

700 Les Poésies de Jacques Tahureau. *Paris*, 1574, in 8. v. f.   2--5

701 Sonnets, Odes & Mignardises de l'Admirée, par le même. *Lyon*, 1574, in 16. v. m.   1--12

693. *Double* — — — — — — — — —   2--

702 Les Œuvres Poétiques d'Amadis Jamyn. *Paris*, 1575, in 4. v. f.

703 Les Poëmes de Pierre de Brach. *Bordeaux*, 1576, in 4. parch.

704 Erotopegnie ou Passetems d'amour, ensemble une Comédie du Muet insensé, par Pierre le Loyer. *Paris*, 1576, in 8. v. f.

705 Poëmes & Anagrammes, composés des Lettres du nom du Roi & des Reines, par le Sylvain de Flandres. *Paris*, 1576, in 4. v. b.

706 Théanthropogamie en forme de Dialogue, par Sonnets Chrétiens; par Marin le Saulx. *Londres*, 1577, in 8. v. f.

707 La Grasinde de Jean de la Jessée. *Par.* 1578, in 4. bro.

708 Œuvres Poétiques du même. *Anvers*, 1583, in 4. par.

709 Description de l'origine & première fondation de l'Ordre des Chartreux de Paris, en vers françois, par Franç. Jary. *Paris*, 1578, in 4. parch. Rare.

710 La même. *Paris*, 1578, in 8. v. f.

711 Les Œuvres amoureuses de Jean de Boyssieres. *Paris*, 1578, in 12. v. m.

712 Les Œuvres Poétiques de Clovis Hasteau, sieur de Nuysement. *Paris*, 1578, in 4. parch.

713 Le premier Livre des Poëmes de Guillaume Belliard. *Paris*, 1578, in 4. parch.

714 La Galliade, ou de la révolution des Arts & Sciences, par Guy le Fevre de la Boderie. *Par.* 1578, in 4. parch.

715 Les Œuvres Poétiques de Claude de Pontoux. *Lyon*, 1579, in 12. v. f.

716 Œuvres Poétiques d'Estienne Forcadel. *Paris*, 1579, in 8. parch.

717 Les premieres Œuvres Poétiques de Mesdames Desroches, mere & fille. *Rouen*, 1604, in 12. parch.

718 Les Œuvres de Mesdames Desroches, mere & fille. *Paris*, 1579, in 4. v. f.

719 La Puce de Madame Desroches. *Paris*, 1582, in 4. parch.

720 Les nouvelles Récréations Poétiques de Jean le Masle. *Paris*, 1580, in 12. m. r.

721 Les Œuvres Poétiques de Jacques de Courtin de Cissé. *Paris*, 1581, in 12. parch.

722 Les premieres Œuvres Poétiques de Flaminio de Birague. 1581, in 12. v. b.

723 Les Œuvres Poétiques de Jacques Pelletier, du Mans, *Paris*, 1581, in 4. br.

724 Cinquante Enigmes françoises d'Alexandre Sylvain, avec les Expofitions d'icelles. *Paris*, 1581, in 8. parc.

725 Les Œuvres Poétiques d'Ifaac Habert. *Paris*, 1582, in 4. parch.

726 L'Oreille du Prince, & autres Poéfies de G. du Buys. *Paris*, 1582, in 12. v. m.

727 Les Œuvres Poétiques du même. *Paris*, 1583, in 12. parch.

728 Les premieres Œuvres Poétiques de Martin Spifame. *Paris*, 1583, in 12. m. r. Rare.

729 Les premieres Œuvres Poétiques de Joachim Blanchon. *Paris*, 1583, in 12. v. f.

730 La Morocofmie, ou de la vanité & inconftance du monde, par Jofeph du Chefne. *Lyon*, 1583, in 4. v. m. Rare.

731 La Génération de l'Homme & autres Poéfies, par René Bretonnayau. *Paris*, 1583, in 4. v. f.

732 Les Hiéropoëmes, ou Sonnets Sacrés, par Louis Saunier. *Lyon*, 1584, in 8. v. m.

733 Quatrains fpirituels de l'Honnête Amour, par Yves Roufpeau. *Paris*, 1584, in 12. br.

734 Le Quarême de Jean Edouard du Monin. *Paris*, 1584, in 4. v. m.

735 Le Phœnix & autres Poéfies du même. *Paris*, 1585, in 12. v. f.

736 Le Décès ou Fin du Monde, par G. de Chevalier. *Paris*, 1584, in 4. br.

737 Les Satyres & autres Œuvres du fieur Regnier. *Paris*, 1667, in 12. v. b.

738 Les Mêmes. *Londres*, 1729, in 4. v. m.

739 Les mêmes. *Lond. Tonfon*, 1733, in 4. m. r.

740 Le Monophile, avec quelques autres Œuvres d'amour, par Etienne Pafquier. *Paris*, 1578, in 16. v. f.

741 Œuvres Poétiques faits fur la main d'Etienne Pafquier. *Paris*, 1584, in 4. m. r.

742 L'Erynne Françoife, par de Villiers. *Paris*, 1585, in 4. parch.

743 Les trois Livres des Météores, avec quelques autres Œuvres Poétiques. *Paris*, 1585, in 12. m. r.

744 Les Œuvres Poétiques de Remy Belleau. *Paris*, 1585, 2 Tomes en 1 vol. in 12. parch.

745 Douze Fables de Fleuves ou Fontaines, avec la Description pour la peinture & les épigrammes. *Paris*, 1585, in 12. broc.

746 Satyre au Roi contre les Républicains, avec l'Alectriomachie, ou Joute des Coqs, par Gabriel Bounin. *Paris*, 1586, in 8. parch.

747 Les Cantiques du fieur de Maifonfleur. *Paris*, 1586, in 12. parch.

748 Les Œuvres Poétiques, chrétiennes & fpirituelles d'Olenix du Mont-Sacré. *Paris*, 1587, in 12. parch.

749 Les Bergeries de Juliette, par le même. *Tours*, 1592, 5 vol. in 12. m. b.

750 Le Miroir de vertu. *Paris*, 1587, in 12. parch.

751 Le Médecin libéral à fon malade, tourmenté des vives appréhenfions de la mort. in 12. parch. manque le Frontifpice.

752 Les fept Livres des Honnêtes Loifirs, de M. de la Motte Meffemé. *Paris*, 1587, in 12. v. m.

753 La Mufe Guerriere. *Paris*, 1589, in 8. parch.

754 Les Amours de Chrift. de Beau-jeu. *Paris*, 1589, in 4. m. r.

755 Les Œuvres de Joachim du Bellay. *Rouen*, 1592, in 12. br.

756 La Mufe célefte de Beroalde de Verville. *Tours*, 1593, in 12. non relié.

757 Les Effais Poétiques de Guillaume du Peyrat. *Tours*, 1593, in 12. v. b.

758 Poéfies chrétiennes, par Odet de la Nove. *Genéve*, 1594, in 8. v. f.

759 Les Œuvres Poétiques de la Bergerie. *Paris*, 1594, in 12. m. r.

760 Les Œuvres Poétiques de Jean Godard. *Lyon*, 1594, in 8. v. m.

761 Le Mépris de la vie & confolation contre la mort, par J. B. Chaffignet. *Befançon*, 1594, in 16. parc.

762 Œuvres Chrétiennes de Dame Gabriele de Coignard. *Tournon*, 1595, in 12. parch.

763 Les Poëmes du fieur d'Expilly. *Par.* 1596, in 4. parch.

764 Le Paffetems de François le Poulchre. *Paris*, 1597, in 8. v. f.

765 Les premieres Œuvres Poétiques, & Soupirs amoureux de Guy de Tours. *Paris*, 1598, in 12. v. b.

766 Œuvres Poétiques de Jean Grifel. *Rouen*, 1599, in 12. v. m.

767 Les premieres Œuvres Poétiques du Capitaine Laf-phrise. *Paris*, 1599, in 12. v. b.

768 Les Loyales & Pudiques Amours de Scalion de Vir-bluneau. *Paris*, 1599, in 12. v. m.

769 Les divers Souhaits d'amours, par du Souhait. *Paris*, 1599, in 12. parch.

770 Le Contre-Empire des Sciences, & le Myftere des Anes. *Lyon*, 1599, in 16. parch.

771 Recueil des Œuvres Poétiques de J. Bertaut. *Paris*, 1601, in 8. v. m.

772 Les Mêmes. *Paris*, 1620, in 8. v. b.

773 Panarete, ou Fantaifie fur les cérémonies du bapté-me de M. le Dauphin, par le même. *Paris*, 1607, in 8. parch.

774 Les Fleurettes du premier mêlange de N. le Digne, fieur de l'Epine Fontenay. *Paris*, 1601, in 16. v. f.

775 Les Entretiens Spirituels d'Antoine Favre. *Paris*, 1602, in 8. v. f.

776 Les Œuvres Poétiques du fieur de la Valletrye. *Paris*, 1602, in 12. baf.

777 La Lydiade divifée en fept Livres, par Defcallis. *Tournon*, 1602, in 12. parch.

778 Le Prélude Poétique de Robert Angot. *Paris*, 1603, in 12. v. f.

779 Les Infideles, Fable Bofcagere. *Paris*, in 12. v. m.

780 Les Œuvres chrétiennes de Claude Hopil. *Lyon*, 1604, in 12. m. r.

781 Les Œuvres chrétiennes d'Antoine de la Puiade. *Pa-ris*, 1604, in 12. m. r.

782 Les Plaifirs des champs en vers françois, par Claude Gauchet. *Paris*, 1604, in 4. parch.

783 Les XII Beautés de Phyllis, & autres Œuvres Poéti-ques du fieur de Roffet. *Paris*, 1604, in 8. parch.

784 La Franciade de Pierre de Laudun. *Paris*, 1604, in 12. parch.

785 Les Royales Couches, ou les Naiffances de M. le Dauphin & de Madame, compofées en vers françois par Claude Garnier. *Paris*, 1604, in 8. parch.

786 Sonnets fpirituels, par Anne de Marquets. *Paris*, 1605, in 8. parch.

787 La Rédemption du Monde, par J. du Nefme. *Paris*, 1606, in 12. parch.

780 Double

788 Poéfies de Guill. Dubois. *Paris*, 1606, in 12. m. r.

789 Les Œuvres Poétiques d'Audiguier. *Paris*, in 8. v. f.

790 La Défaite d'amour, par le même. *Paris*, 1606, in 12. v. m.

791 Les Amours de Thalie, par du Maine. *Paris*, 1605, in 12. br.

792 Recueil des Œuvres Poétiques de Jean Pafferat. *Paris*, 1606, in 8. m. r.

793 La Mufe Catholique fur l'Euchariftie, par de la Croix-Maron. *Bordeaux*, 1607, in 4. parch.

794 Le Sacré Hélicon, ou le Dévot Logis de la Mufe Dévote, par Louis Godet. *Châlons*, 1608, in 12. parch.

795 Les Hymnes de Meffire Anne d'Urfé. *Lyon*, 1608, in 8. v. f.

796 Rimes Spirituelles, par Cefar de Noftredame. in 12. parch.

797 Pieces héroïques, & Poéfies diverfes, par le même. *Toulouse*, 1608, in 12. non relié.

798 Les premieres Œuvres poétiques de Nicolas le Maffon. *Paris*, 1608, in 12. m. r.

799 Le Jardin & Cabinet poétique de Paul Contant, Apothiquaire de Poitiers. *Poitiers*, 1609, in 4. v. m.

800 Les Sabines, ou Plaintes de Sabine, femme de St. Alexis. *Paris*, 1609, in 8. parch.

801 Imitations du latin de Jean Bonnefons, avec autres gaietés amoureufes. *Paris*, 1610, in 8. v. b.

POETES FRANÇOIS.

Troifieme Age : depuis Malherbe jufqu'à nos jours.

802 LES Œuvres de François de Malherbe, avec les Obfervations de Menage & les Remarques de Chevreau. *Paris*, 1722, 3 vol. in 12. v. b.

803 Les mêmes, rangées par ordre chronologique. *Paris*, Barbou, 1757, in 8. m. r.

804 Odes chrétiennes. *Paris*, 1611, in 8. parch.

805 L'Epithalame du mariage de Jefus Chrift avec fon Eglife, par Salomon Rivet. *Genéve*, 1612, in 8. v. f.

806 Les Théoremes de Jean de la Ceppede, fur le myftere de notre Rédemption. *Toulouse*, 1613, in 4. baf.

807 Les Œuvres de François Menard. *Paris*, 1613, in 12. parch.

808 Les Marguerites poétiques, par Efprit Aubert. *Lyon*, 1613, in 4. parch.

809 Les Retranchemens de G. Aubert. in 8. v. b.

810 Bouquet Printanier, par Jean Vanden Velde. *Rotterdam*, 1613, in 8. br.

811 Les Poéfies de Mailliet. *Bordeaux*, 1616, in 8. m. r.

812 Poëmes d'amours, par B. Baddel. *Amfterdam*, 1616, in 4. parch.

813 Poéfies diverfes, par de Lortigue. *Paris*, 1617, in 12. v. f.

814 Le Défert du fieur de Lortigue, fur le mépris de la Cour. *Paris*, 1637, in 8. parch.

815 La Sireine & autres Poéfies de M. Honoré d'Urfé. *Paris*, 1618, in 8. v. m.

816 Uranie Pénitente, ou la Mufe Sainte, par Jacq. le Clerc. *Paris*, 1618, in 12. parch.

817 Tropologie fur le retour des Clercs & Freres de la Société de Jefus au college de Clermont. 1618, in 12. broth.

818 La nouvelle Mufe, ou les Loifirs de Jean Godard. *Lyon*, 1618, in 8. v. b.

819 Les Vers dévotieux, par Franç. Hamoys. *Par.* 1619, in 12. v. b.

820 Odes fpirituelles, par Anne Picardet. *Paris*, 1619, in 12. parch.

821 Le Zodiaque Poétique, ou la Philofophie de la Vie humaine, par Riviere. *Paris*, 1619, in 8. parch.

822 La Converfion du Roy Clovis, par Jean Heudon. *Paris*, 1619, in 8. parch.

823 Les Œuvres fpirituelles de Lazare de Selve. *Par.* 1620, in 8. parch.

824 Les Larmes d'Aronthe fur l'infidélité de Clorigene, récit paftoral, par P. Colas. *Lyon*, 1620, in 12. parc.

825 La Bellegarde, par J. F. Serand. *Lyon*, 1621, in 8. parch.

826 Les Œuvres fatyriques de Courval-Sonnet. *Paris*, 1622, in 8. m. r.

827 Les Amours du Berger Philandre & de Califte, par des Vallottes. *Paris*, 1623, in 8. v. f.

828 Les traverfes du fieur de Refneville, & fes Œuvres poétiques. *Paris*, 1624, in 8. parch.

813. Double

815. Double

829 L'Adonis de la Cour, divisé par XII Nymphes. *Par.* 1624, in 12. v. m.

830 Les Satyres du sieur du Lorens. *Paris*, 1624, in 8. parc.

831 Les mêmes. *Paris*, 1646, in 4. parch.

832 Œuvres poétiques de la Charnays. *Paris*, 1626, in 12. parch.

833 Elegie Genethliaque sur la naissance d'Emilia, fille de Noble Urbain de Prez, par Daniel Sarret, 1627, in 12. br.

834 Les Chants Oraculeux, de Claude de Mons. *Amiens*, 1628, in 12. parch.

835 Recueil des vers de Marbeuf. *Rouen*, 1628, in 12. parch.

836 Le Banquet des Muses, ou les diverses Satyres du sieur Auvray. *Rouen*, 1628, in 8. v. f.

837 La Chasse aux Anglois en l'Isle de Ré & au Siege de la Rochelle, par Marc Lescarbot. *Par.* 1620, in 8. br.

838 La Velleyade, ou Merveilles de l'Eglise de Notre-Dame Dupuy, & Pays de Velay, par Hugues Davignon. *Lyon*, 1630, in 8. v. b.

839 Les cinq premiers Livres du Procès d'amour, avec les Amours Chrétiennes. *Paris*, 1630, in 4. v. ec.

840 Satyres contre les mauvaises mœurs. *Rouen*, 1631, in 4. parch.

841 Le Débauché converti, ou l'Yvrogne repenti, par Pierre le Camus, Peintre. *Paris*, 1631, in 8. parch.

842 Les Honnêtes Poésies de Placidas Philemon Gody. *Paris*, 1632, in 8. parc.

843 Retour du bon tems. *Dijon*, 1632, in 4. br.

844 Le Sacré Mont Carmel, où se voit l'excellence de l'Ordre des Carmes, par Esp. Gobineau. *Metz*, 1632, in 4. br.

845 Les Divertissemens de Colletet. *Paris*, 1633, in 8. m. r.

846 Poésies du même. *Paris*, 1642, in 4. br.

847 Poésies diverses du même Colletet. *Paris*, 1656, in 12. v. b.

848 Les Epigrammes du même, avec un Discours sur l'Epigramme. *Paris*, 1653, in 12. parch.

849 La Muse Chrétienne, par Adrien de Rocquigny. 1634, in 4. br

850 Les Œuvres Saintes du sieur Auvray. *Rouen*, 1634, in 12. parch.

851

851 Les Mélanges Poétiques de Meynier. *Paris*, 1634, in 8. baſ.

852 Les Joyeux Epigrammes, par de la Giraudiere. *Paris*, 1634, in 8. v. f.

853 Raillerie Univerſelle. *Paris*, 1635, in 12. v. f.

854 Les Œuvres Chrétiennes du ſieur Jean Gaſton. *Orthez*, 1639, in 8. parch.

855 La Sageſſe Divine, Ode, par Pierre le Moyne. *Paris*, 1639, in 4. br.

856 Hymne de la Sageſſe Divine, & de l'Amour Divin, par le même. *Paris*, 1641, in 4. parch.

857 Les Poëſies du même. *Paris*, 1650, in 4. v. b.

858 Entrètiens & Lettres poétiques, par le même. *Paris*, 1665, in 12. v. b.

859 Les Œuvres poétiques de N. L. Nouvelon. *Paris*, 1639, in 8. v. f.

860 Les Poëſies Chrétiennes, par Bourlier. *Paris*, 1640, in 12. parch.

861 Les Métamorphoſes Françoiſes, recueillies par Regnault. *Paris*, 1641, in 16. m. r.

862 La Vie, les Travaux, la Grace & la Gloire de la Vierge Sacrée, par Regnier. *Paris*, 1641, in 8. baſ.

863 Sentimens Chrétiens, Politiques & Moraux. *Paris*, 1642, in 8. non relié.

864 Stances ſur diverſes Vérités Chrétiennes. *Paris*, 1642, in 4. v. f.

865 Les Eſſais poétiques, par de la Luzerne. *Paris*, 1642, in 8. parch.

866 Les Chevilles de Mᵉ. Adam, Menuiſier de Nevers. *Paris*, 1644, in 4. parch.

867 Les mêmes *Rouen*, 1654, in 8. parch.

868 Le Vilebrequin du même. *Paris*, 1663, in 12. v. b.

869 Les Triomphes de Louis le Juſte. *Rheims*, 1645, in 16. parch.

870 Les Soupirs ſalutaires d'Hélie Poirier. *Amſterdam*, 1646, in 12. vél.

871 Les Sentimens univerſels de P. Forget. *Paris*, 1646, in 12. baſ.

872 Les Portraits parlans, par Chevillard. *Orléans*, 1646, in 8. v. m.

873 Les Poëſies de Gombauld. *Paris*, 1646, in 4. parch.

874 Les Epigrammes du même. *Paris*, 1657, in 12. baſ.

875 Les Œuvres poétiques de Maynard. *Paris*, 1646, in 4.

876 L'Histoire de Notre-Dame de Liesse, en vers françois, par de S. Peres, 1647, in 8. br.

877 Le vrai Trésor de l'Histoire de Notre-Dame de Liesse, en vers françois, par le même. *Paris*, 1647, in 4. v. f.

878 Les Victoires du Duc d'Anguyen, en divers Poëmes, par le Laboureur. *Paris*, 1647, in 4. b.

879 Poésies diverses, par du Cros. *Paris*, 1647, in 4.

880 La Beauté des plus belles Dames de la Cour, par Grillet. *Paris*, 1647, in 4. v. f.

881 La Musette. *Paris*, 1647, in 8. parch.

882 Poésies burlesques, par Loret. *Paris*, 1647, in 4. v. m.

883 Les Œuvres de Racan. *Paris*, Coustelier, 1724, 2 tom. en 1 vol. in 12. v. b.

884 Les Bergeries du même. *Paris*, 1635, in 8. parch.

885 Odes sacrées, tirées des Pseaumes par le même. *Par.* 1651, in 8. parch.

886 Dernieres Œuvres & Poésies Chrétiennes du même. *Paris*, 1660, in 8. v. b.

887 Les Vers héroïques de Tristan l'Hermite. *Paris*, 1648, in 4. v. b.

888 Recueil de diverses Poésies héroïques & burlesques, par le même. *Paris*, 1652, in 4. br.

889 Les Amours du même. *Paris*, 1662, in 12. v. b.

890 La Vie de Joseph, Vice-Roi d'Egypte, en vers franç. *Paris*, 1648, in 12. br.

891 Les Idylles de Rampalle. *Paris*, 1648, in 4. parch.

892 Le Jugement de Pâris, en vers burlesques, par d'Assoucy. *Paris*, 1648. in 4. br.

893 Poésies & Lettres du même. *Paris*, 1653, in 12. parc.

894 Les Rimes redoublées du même. *Paris*, 1671, in 12.

895 Relation de ce qui s'est passé en l'autre monde, au combat des Parques & des Poëtes, sur la Mort de Voiture, & autres Poésies burlesques, par Scarron. *Paris*, 1648, in 4. parch.

896 Poésies diverses, par de Scudery. *Paris*, 1649, in 4.

897 Descriptions poétiques. *Lyon*, 1649, in 4. parch.

898 Poésies de Malleville. *Paris*, 1649, in 4. v. m.

899 Les Poésies de Salomon de Priezac. *Paris*, 1650, in 8.

900 Les Œuvres poétiques de Beys. *Paris*, 1651, in 4.

901 Odes Chrétiennes, ou Noels nouveaux sur la Nativité de Notre Sauveur Jésus-Christ, par L. Garbet. *Par.* 1653, in 8. parch.

902 Les Promenades de Richelieu, ou les Vertus Chré-

tiennes, en vers françois, par Jean Desmarests. *Par.*
1653, in 8. parch.
903 Les Œuvres poétiques du sieur Dalibray. *Paris*, 1653,
in 8. v. m.
904 Les restes de la guerre d'Estampes, par Hemard. *Par.*
1653, in 12. parch.
905 Moyse sauvé, Idylle héroïque du sieur de Saint-Amant.
Leyde, 1654, in 12. parch.
906 Le même. in 4. parch.
907 Les Œuvres poétiques du même. *Paris*, 1661, in 12.
908 La Rome ridicule, par le même. *Paris*, 1661, in 12.
909 Les Œuvres poétiques du P. Martial de Brive, Capucin. *Lyon*, 1655, in 4. parch.
910 Le Parnasse Séraphique, par le même. *Lyon*, 1660,
in 8. bas.
911 Œuvres poétiques de le Vasseur. *Paris*, 1655, in 12.
912 Les Evénements illustres, ou l'Entretien du Parnasse,
par le même. *Paris*, 1661, in 4. v. b.
913 Les Plaisirs de la vie, par Cesar Pellenc. *Aix*, 1655,
in 12. bas.
914 Inventaire général de la Muse Normande, par David
Ferrand. *Rouen*, 1655, in 8. parch.
915 Poésies de Chevreau. *Paris*, 1656, in 8. parch.
916 Le Parnasse sacré, par Cl. Rigaud. *Lyon*, 1657,
in 4. bas.
917 Dixains sur le Signe de la Croix, & l'Evangile de
S. Jean, par Louis Camus. *Paris*, 1657, in 12. m. r.
918 Divins Cantiques de l'Ame fidele, par Caulbris. *Par.*
1657, in 12. parch.
919 Motets sacrés & autres Poésies Chrétiennes. *Paris*,
1657, in 12. parch.
920 La Lyre du jeune Apollon, ou la Muse naissante du
du Petit de Beauchasteau. *Paris*, 1657, in 4. v. b.
921 Poésies du sieur de Malleville. *Paris*, 1659, in 12.
922 Recueil des Enigmes de ce tems. *Paris*, 1659, in 12.
923 Poésies chrétiennes, par Ant. Godeau. *Paris*, 1660,
3 vol. in 12. v. b.
924 La grande Bible renouvellée de Noels nouveaux sur
la Naissance de Jesus-Christ. *Troyes*, in 12. parch.
925 Sonnets spirituels de Jules de Richy. *Par.* in 12. broc.
926 La Providence, ou les deux Exemples; Saül puni,
Suzanne délivrée : Paraphrase Poétique, par de Ste.
Garde Bernovin. *Paris*, 1660, in 8. parc.

G ij

927 Chant Nuptial pour le mariage du Roi. *Paris*, 1660, in fol. parch.

928 Poéfies de Segrais. *Paris*, 1661, in 12. parch.

929 Poéfies diverfes, par Gilbert. *Par.* 1661, in 12. v. b.

930 Les Œuvres Poétiques de Perrin. *Paris*, 1661, in 12. v. b.

931 Réflexions Morales & Chrétiennes, par Pierre de Marcaffus. *Paris*, 1662, in 12. br.

932 Poéfies diverfes de Brebeuf. *Par.* 1662, in 12. v. m.

933 Eloges Poétiques, par le même. *Paris*, 1671, in 12. non relié.

934 De la Mort & des Miferes de la vie, Poéfies Morales, par Charles le Breton. *Paris*, 1663, in 8. v. b.

935 Les Sentimens d'honneur, ou les Maximes du Sage, par J. François de Salles. *Paris*, 1663, in 8. baf.

936 La Science Univerfelle en vers héroïques, par Magnon. *Paris*, 1663, in fol. v. b.

937 Les Poéfies Françoifes, par H. Piccardt. *Paris*, 1663, in 12. parch.

938 Poéfies & autres Pieces galantes, par Bouillon. *Paris*, 1663, in 12. v. b.

939 L'Ami fans fard, qui confole les affligés, en vers burlefques, par Jacques Jacques. *Lyon*, 1664, in 12. baf.

940 Le Démon travefti, découvert & confus, par le même. *Lyon*, 1673, in 12. baf.

941 Le Faut Mourir, & les Excufes inutiles qu'on apporte à cette néceffité, par le même. *Lyon*, 1684, in 12. baf.

942 Poéfies nouvelles & autres Œuvres galantes. *Paris*, 1664, in 12. v. m.

943 Poéfies diverfes de Floriot. *Paris*, 1664, in 12. v. b.

944 Poéfies diverfes du fieur Furetiere. *Paris*, 1664, in 12. v. b.

945 Fables morales, par le même. *Par.* 1671, in 12. v. b.

946 La Mufe nouvelle, ou les Agréables divertiffemens du Parnaffe, par T. Delorme. *Lyon*, 1665, in 12. v. b.

947 Poéfies diverfes de Mademoifelle Certáin. *Paris*, 1665, in 12. parch.

948 Œuvres Poétiques de J. de Coras. *Paris*, 1665, in 12. v. b.

949 Les Plaifirs de St. Germain-en-Laye & de la Cour. *Paris*, 1665, in 12. parch.

950 Le Vainqueur dans les chaînes, par Palaprat. *Tolofe*, 1666, in 8. parch.

951 Enigmes fur différens fujets. *Paris*, 1666, in 12. v. b.

952 Defcription de Paris, par un certain nombre d'Epigrammes, par l'Abbé de Marolles. in 4. v. b.

953 Defcription de la ville d'Amfterdam, en vers burlefques, par Pierre le Jolle. *Amfterdam*, 1666, in 12. v. f.

954 Poéfies diverfes du Chevalier d'Aceilly. *Paris*, 1667, in 12. v. b.

955 La Mufe Dauphine, par de Subligny. *Paris*, 1667, in 12. baf.

956 Promenades d'Antoine Coutel. *Blois*, in 8. v. b.

957 La Lyre de Dorante. in 12. v. f.

958 Les Divertiffemens d'amour, & autres Poéfies burlefques & férieufes, par du Four. *Par.* 1667, in 12. parch.

959 Caractères Chrétiens, par Laurens de Breffac. *Grenoble*, 1668, in 12.

960 L'Antimoine purifié fur la Sellette. *Paris*, 1668, in 12. v. m.

961 Eglogues & autres Poéfies, par de la Bucaille. *Paris*, 1668, in 12. v. b.

962 Guerre Comique. *Paris*, 1668, in 12. v. b.

963 La Poéfie Sacrée, par Guill. Chevalier. *Paris*, 1669, in 12. v. b.

964 Le Commerce du Parnaffe, par Françoife Pafcal. *Paris*, 1669, in 12. parch.

965 Les Récréations poétiques, amoureufes & galantes, par Dufour. *Paris*, 1669, in 12. parch.

966 Les Foux Amoureux, en vers burlefques. *Paris*, 1669, in 12. v. brun.

967 Le Syftême des cieux & des élémens, en vers françois, par de St. Martin. *Paris*, 1670, in 8. v. b.

968 Le Bijou du Parnaffe, par Mademoifelle de Morville. *Grenoble*, 1670, in 12. parch.

969 Les Œuvres Pofthumes de M. B***. *Paris*, 1670, in 12. v. b.

970 Poéfies de Madame Deshoulieres. *Paris*, 1707, 2 tomes, 1 vol. in 12. v. b.

971 Recueil de Poéfies chrétiennes & diverfes, par de la Fontaine. *Paris*, 1671, 3 vol. in 12. v. b.

972 Fables choifies mifes en vers, par le même. *Anvers*, 1688, 2 tomes en 1 vol. in 12. m. r.

973 Les mêmes, avec les figures de M. Oudry. *Paris*, 1755, 4 vol. in fol. très-grand pap. anciennes épreuves.

974 Contes & Nouvelles en vers, par le même. *Amfterd.* 1685, in 8. v. f.

975 Les mêmes. *Amsterdam*, 1762, 2 vol. in 8. fig. m. r. l. r.

976 Œuvres du même. *Anvers*, Jacob Sauvage, 1726, 3 vol. in 4. m. r.

977 Les Œuvres Posthumes du même. *Paris*, 1696, in 12. v. b.

978 Contes & Nouvelles en vers, par de Saint Glas. *Paris*, 1672, in 12. v. b.

979 Les Œuvres de Nicolas Boileau Despreaux, avec des éclaircissemens historiques donnés par lui-même, enrichies de figures gravées par Bernard Picard. *Amsterdam*, David Mortier, 1718, 2 vol. in fol. v. m.

980 Les mêmes. *La Haye*, Isaac Vaillant, 1722, 4 vol. in 12. m. v.

981 Œuvres Posthumes du même. *Amsterdam*, 1711, in 12. v. b.

982 Le Triomphe de la Grace, sur la nature dans la vie de Sainte Euphrosine, en vers françois, par le P. Gabriel Brosse. *Paris*, 1672, in 4. v. b.

983 Le Poëte Goguenard. *Paris*, 1673, in 12. parch.

984 L'Extraordinaire de la valeur des François. *Paris*, 1673, in 12. v. b.

985 Discours tragiques en vers héroïques, sur la Passion de Jesus Christ, par Philippe le Gras. *Paris*, 1674, in 8. v. f. Rare.

986 Les Œuvres en vers & en prose de M. de Marigny. *Paris*, 1674, in 12. br.

987 Poésies à la louange du Roi. *Paris*, 1674, in 8. v. b.

988 Les Œuvres poétiques d'Antoine Pomme. *Lyon*, 1674, in 12. m. r.

989 La Morale de la Nature, par Vignier. *Paris*, 1676, in 12. v. b.

990 Relation du Voyage de Breme, en vers burlesques. *Leyde*, 1676, in 12. br.

991 Les Travaux de Jesus divisés en quatre parties, par les Isles le Bas. *Paris*, 1677, in 12. parch.

992 Poésies diverses, par de la Tour. *Paris*, 1677, in 8. v. b.

993 L'Esope François, fables nouvelles, par L. S. Desmay. *Paris*, 1678, in 12. fig. v. b.

994 Madrigaux de M. de la Sabliere. *Paris*, 1680, in 12. v. b.

995 Mélange de diverses poésies, par le P. Mauduit. *Lyon*, 1681, in 12. v. b.

996 Epithalame, ou Chant nuptial des noces de l'Agneau. *Paris*, 1682, in 4. v. b.

997 Les Poésies de M. de St. Evremond. in 12. v. f.

998 Poésies nouvelles. *Paris*, 1682. in 12. v. b.

999 Les cinq fleurs de la Grace. *Paris*, 1683, in 8. v. b.

1000 Les Copies de Lucien, & la métamorphose de Daphné, par Julien Prevost. *Paris*, 1683, in 12. v. b.

1001 Sentimens des grands hommes sur la conduite des Mœurs. *Paris*, 1684, in 12. v. b.

1002 Pensées chrétiennes, mises en vers. *Lyon*, 1685, in 12. v. b.

1003 Instructions de la Fille de Calvin Damasquée, par de Rostagny. *Paris*, 1685, in 8. v. b.

1004 Momus & le Nouvelliste. *Paris*, 1685, in 12. v. m.

1005 Poésies chrétiennes sur les mysteres & sur les devoirs de la religion, par de la Rolandiere. *Genêve*, 1686, in 8. v. b.

1006 Discours Satyriques & Moraux, en vers. *Rouen*, 1686, in 12. parch.

1007 Le Triomphe de l'amour sur la mort, ou la mort de Notre Seigneur Jesus-Christ, par Jacques de Gevry. *Paris*, 1687, in 8. v. m.

1008 Poésies chrétiennes; Charlemagne Penitent; les IV. Fins de l'homme, par Courtin. *Par.* 1687, in 12. v. b.

1009 Les Œuvres d'Etienne Pavillon. *Amsterdam*, 1750, 2 vol. in 12. v. m.

1010 Epîtres Morales & Académiques de M. Sabatier. *Lyon*, 1687, in 12. v. m.

1011 Billets en vers, par St. Ussans. *Paris*, 1688, in 12.

1012 Réflexions solitaires sur la vie & sur les erreurs des hommes. *Paris*, 1689, in 12. v. b.

1013 L'Univers tiré du néant, en vers françois, par de St. Martin. *Paris*, 1690, in 8. br.

1014 Les Œuvres du Président Nicole, contenant diverses Pieces choisies, trad. en vers françois. *Paris*, 1693, 2 part. 1 vol. in 12. v. b.

1015 Recueil de diverses Poésies sur les principaux événemens des dernieres campagnes du Prince d'Orange. *Bourg*, 1693, in 12. v. b.

1016 Vérités sur les mœurs, par Tessier. *Paris*, 1694, in 12. v. m.

1017 Satyres nouvelles. *Paris*, 1695, in 12. v. b.

1018 Recueil de vers spirituels, par Henri Guichard. *Grenoble*, 1696, in 4. v. f.

1019 Ovide amoureux, ou l'Ecole des amans. *La Haye*, 1698, in 12. baſ.

1 - - 10 1020 Le Pour & le Contre du mariage, avec la Critique du ſieur Boileau, & autres Pieces de Poéſies. *Lille*, 1700, 3 parties, 1 vol. in 12. v. b.

1 - - 1 1021 Le Poëte ſans fard, ou Diſcours Satyriques ſur toutes ſortes de ſujets. 1701, in 12. v. b.

1 - - 1022 Satyres nouvelles de Benech de Cantenac. *Amſterdam*, in 8. br.

1023 Le Deſſert des Muſes, ou les Délices de la Satyre Galante. in 12. v. b. manque le frontiſpice.

1 - - 11 1024 Le Feſtin nuptial, dreſſé dans l'Arabie heureuſe au mariage d'Eſope, de Phedre & de Pilpay, avec trois Fées, par de Palaidor. *Pirou*, 1700, in 8. v. f.

1025 Les Vérités plaiſantes, ou le Monde au naturel. *Rouen*, 1702, in 12. baſ.

1026 La Creſte du Coq d'Inde, Conte hiſtorique, mis en vers. *Trévoux*, 1702, in 12. br.

1027 Diſcours chrétiens contre les impies, par Hullin. *Amſterdam*, 1704, in 8. br.

1 - - 1028 Poéſies diverſes, par Baraton. *Paris*, 1705, in 12.

1029 Fables diverſes, en quatre vers, par Vaudin. *Paris*, 1707, in 12. oblong, v. f.

1030 Recueil de vers ſur différens ſujets de piété. *Rouen*, 1709, in 12. parch.

1031 La Muſe Mouſquetaire, par le Ch. de Saint Gilles. *Paris*, 1709, in 12. v. b.

1032 Cantiques des Familles chrétiennes. *Lyon*, 1710, in 12. v. m.

1 - - 9 1033 Recueil de Poéſies chrétiennes. *Paris*, 1710, in 12.

1034 Poéſies diverſes du ſieur D***. *Paris*, 1713, in 12. v. b.

1035 Poéſies diverſes de Madame de Sainctonge. *Dijon*, 1714, 2 vol. in 12. v. m.

1 - 5 1036 Odes Sacrées ſur les plus importantes vérités de la religion & de la morale. *Paris*, 1715, in 8. m. r.

1037 Poéſies chrétiennes, héroïques & morales, par l'Abbé Juillard du Jarry. *Paris*, 1715, in 12. v. m.

1 - - 1038 Œuvres mêlées de Roubin. *Toulouſe*, 1716, in 8.

1039 Le Voyage du Parnaſſe. *Rotterdam*, 1716, in 12.

1040 Epigrammes & autres Pieces de M. de Senecé. *Paris*, 1717, in 12. v. b.

1041 Poéſies Sacrées, trad. ou imitées des Pſeaumes, par

Desfontaines

Desfontaines Guyot. *Paris*, 1718, in 12. v. b.

1042 Œuvres de Jean-Baptiste Rousseau, revues par l'Abbé Seguy. *Bruxelles*, 1743, 3 vol. in 4. grand pap. m. b.

1043 Porte-feuille du même. *Amsterdam*, 1751, 2 vol. in 12. br.

1044 Mémoires pour servir à l'Histoire des Couplets attribués faussement à Rousseau. *Bruxelles*, 1752, in 12. br.

1045 Fables nouvelles, par de la Motte. *Paris*, Dupuis, 1719, in 4. g. p. v. f.

1046 L'Eleve de Terpsicore, ou le Nourisson de la Satyre. *Amsterdam*, 1718, in 12. v. b.

1047 Poésies de Bonecorse. *Leide*, 1720, in 12. br.

1048 Satyres amoureuses & galantes. *Amsterdam*, 1721, in 12. v. b.

1049 Poésies & Cantiques spirituels, par Madame de la Mothe Guyon. *Cologne*, 1722, 3 vol. in 12. v. m.

1050 Fables de le Brun. *Paris*, 1722, in 12. v. b.

1051 Poésies recueillies par le Chev. de G… *Villefranche*, 1724, 2 vol. in 8. v. m.

1052 Les Critiques critiqués, ou Vérités sur les caracteres à la mode. *Paris*, 1725, in 12. v. f.

1053 Poésies du Pere Sanlecque. *Harlem*, 1726, in 12. v. m.

1054 La Buvette des Philosophes, Ode Bachique sur leur histoire, par Brisseau. *Douay*, 1726, in 8. br.

1055 Les Œuvres Poétiques de Simon Tyssot de Patot. *Amsterdam*, 1727, 3 vol. in 12. v. b.

1056 Poésies diverses de Julien Scopon. *La Haye*, 1748, in 12. v. m.

1057 Elégies de M. le Blanc, avec un Discours sur ce genre de Poésie. *Paris*, 1731, in 12. v. f.

1058 Poésies diverses, par Tanevot. *Paris*, 1732, in 12.

1059 Les Quénélomachies, en vers burlesques. *Amsterdam*, 1741, in 12. br.

1060 Fables nouvelles, & autres Pieces en vers. *Paris*, 1744, in 12. v. ec.

1061 L'Esope politique, ou Fable nouvelle & enigmatique. *La Haye*, 1744, in 8. v. m.

1062 Poésies nouvelles de M. de la Monnoye. *Paris*, 1745, in 12. v. m.

H

1063 Poésies chrétiennes, par de Montcrif. *Paris*, 1747, in 12. br.

1064 Recueil de Fables nouvelles, précédées d'un Discours sur ce genre de Poésie, par d'Ardene. *Paris*, 1747, in 12. v. m.

1065 Œuvres de Gresset. *Londres*, 1748, 2 tomes en 1 vol. in 12. v. m.

1066 Œuvres diverses de Desmahis. *Geneve*, 1763, in 12. v. m.

1067 Poésies de Cottereau. *Paris*, 1750, in 8. v. m.

1068 Poésies Sacrées. *Paris*, 1751, in 12. m. r.

1069 Recueil de Poésies, par Mademoiselle de St. Ph ***. *Amsterdam*, 1751, in 12. v. m.

1070 Recueil des licences & entretiens poétiques du Chevalier de ***. 1752, in 12. v. m.

1071 La Rose, ou la Fête de Salency. in 8. br.

1072 Essai sur la Poésie Epique. *Paris*, 1728, in 12. br.

1073 Lettre de du Rivage, contenant quelques Observations sur le Poëme Epique & sur le Poëme de la Pucelle. *Paris*, 1656, in 4. parch.

1074 La Défense du Poëme héroïque, Dialogue. *Paris*, 1674, in 4. v. b.

1075 La Susanne, Poëme, par Didier Oriet. *Paris*, 1581, in 4. v. f.

1076 Les quatre premiers Livres de l'univers, Poëme, par de Norry. *Paris*, 1583, in 4. br.

1077 L'Uranologie, ou le Ciel, de Jean Edouard du Monin. *Paris*, 1583, in 12. parch.

1078 L'Idée de la République de Franç. de Beroalde de Verville, Poëme. *Paris*, 1584, in 12. parch.

1079 Les Appréhensions & autres Œuvres spirituelles, Poëmes, avec les recherches de la Pierre Philosophale, par le même. *Paris*, 1584, in 12. parch.

1080 Les Vertus, Poëme, par de Trelon. *Paris*, 1587, in 12. v. f.

1081 Le grand Miroir du monde, Poëme, par Jos. Duchesne. *Lyon*, 1587, in 4. parch.

1082 Le grand Miroir du monde, Poëme, par Joseph Duchesne, sieur de la Violette. *Lyon*, 1593, in 8. parch.

1083 Le Miroir d'éternité, Poëme, par Robert le Rocquez. *Caen*, 1589, in 8. v. f.

1084 Discours de l'honneur où l'homme étoit colloqué

en l'état de sa création, Poëme, par Olivier Merault. *Rennes*, 1600, in 8. parch.

1085 Le Lion de Judas, ou le Rétablissement de la nature humaine, Poëme, par Jean du Clicquet. *Douay*, 1601, in 12. v. m.

1086 L'Austriade, Poëme, par Deimier. *Lyon*, 1601, in 12. parch.

1087 Le Dauphin, Poëme, par Jacques de la Fons. in 8. v. f.

1088 Les Fontaines de Pougues, Poëme, par Raimond de Massac. *Paris*, 1605, in 12. parch.

1089 La Magdeleine, Poëme, par F. Remy de Beauvais, Capucin. *Tournay*, 1617, in 8. baf.

1090 L'Eglise triomphante, Poëme héroïque, par Claude Billard. *Lyon*, 1618, in 8. v. b.

1091 Histoire de la vie, mort & miracles de St. Roch, Poëme, par Jean Fermeluys. *Paris*, 1619, in 8. parch.

1092 La Franciade, ou Histoire générale des Rois de France, Poëme, par Geuffrin. *Paris*, 1623, in 8. parch.

1093 La Rochelle, Poëme. *Paris*, 1632, in fol. v. b.

1094 Le Chevalier sans reproche, Jacques de Lalain, Poëme, par Jean d'Ennetieres. *Tournay*, 1633, in 8. m. b.

1095 Jesus crucifié, Poëme, par Frenicle. *Paris*, 1636, in 12. v. f.

1096 Les Travaux de Jesus, Poëme, par P. Cotignon de de la Charnaye. *Paris*, 1638, in 8. baf.

1097 Poëme sur la vie de St. François de Sales. *Paris*, 1639, in 4. v. b.

1098 La Filite, ou le Roman en vers, Poëme. *Paris*, 1640, in 12. m. b.

1099 Le Ravissement de Proserpine, Poëme burlesque, par d'Assoucy. *Paris*, 1653, in 4. parch.

1100 Saint Paul, Poëme, par Ant. Godeau. *Paris*, 1654, in 12. m. r.

1101 Poëme sur la grace. *Paris*, 1654, in 4. v. b.

1102 Les dernieres paroles de Jesus-Christ en croix, Poëme héroïque. *Paris*, 1655, in 12. baf.

1103 La Stimmimachie, ou Combat des Médecins modernes, touchant l'usage de l'antimoine, Poëme Historicomique. *Paris*, 1656, in 8. parch.

1104 Clovis, ou la France chrétienne, Poëme héroïque, par J. Desmarest. *Paris*, 1657, in 4. g. p. v. b.

1105 Emanuel, ou Paraphrase évangélique, Poëme chrétien, par Philippe le Noir. *Paris*, 1658, in 8. parch.

1106 Judith, ou la Délivrance de Bethulie, Poëme Saint, par Mademoiselle de Calages. *Tolose*, 1660, in 4. v. f.

1107 Hélie, Poëme héroïque. *Paris*, 1661, in 12. baf.

1108 Henry le Grand, Poëme. *Paris*, 1661, in fol. m. r.

1109 Le Seneque mourant, Poëme héroïque, par Duval. *Paris*, 1662, in 12. parch.

1110 Le Pont-l'Evêque, Poëme, par le Cordier. *Paris*, 1662, in 4. v. b.

1111 Charlemagne, Poëme héroïque, par Louis le Laboureur. *Paris*, 1664, in 8. v. f.

1112 La Pompe funebre, ou les Eloges de Jules Mazarini, Poëme. *Paris*, 1664, in fol. parch.

1113 La Naiffance de Jefus-Chrift, Poëme. *Paris*, 1665, in 4. v. b.

1114 L'Illuftre Souffrant, ou Job, Poëme, par H. le Cordier. *Paris*, 1667, in 12. v. b.

1115 Les Sarrafins chaffés de France, Poëme héroïque, par de Sainte Garde. *Paris*, 1667, in 12. parch.

1116 La Peinture, Poëme. *Paris*, 1668, in fol. parch.

1117 Marie Magdeleine, ou le Triomphe de la grace, Poëme, par Jean Defmarets de St. Sorlin. *Paris*, 1669, in 12. v. b.

1118 Le Martyre de St. Gervais, Poëme, par de Cheffault. *Paris*, 1670, in 12. v. b.

1119 Efther, Poëme héroïque, par de Boifval. *Paris*, 1670, in 4. parch.

1120 Efther, Poëme, par J. Defmarets. *Paris*, 1673, in 12. m. r.

1121 La Captivité de St. Malc, Poëme, par de la Fontaine. *Paris*, 1673, in 12. v. b.

1122 Le Faut rendre Compte, qui eft le pis, Poëme en forme de Dialogue, par Chrift. Bonnet. *Grenoble*, 1673, in 12. v. b.

1123 Les Amours de Venus & d'Adonis, Poëme. *Paris*, 1674, in 12. v. f.

1124 Préceptes galans, Poëme, par Ferrier. *Paris*, 1678, in 12. baf.

1125 L'Allée de la Seringue, ou les Noyers, Poëme héroïque. 1677, in 12. v. m.

1126 Jofeph, ou l'Efclave fidele, Poëme. *Turin*, 1679, in 12. v. b.

1 · · · 1126. Double.

1127 Charles Martel, ou les Sarrazins chaſſés de France, Poëme héroïque, par de Sainte-Garde. *Paris*, 1679, in 12. v. b.

1128 Les Portraits de Monſeigneur le Dauphin, Poëmes, par Robinet. *Paris*, 1679, in 8. parch.

1129 Le Triomphe du Meſſie, Poëme. in 8. v. b.

1130 Charanton, ou l'Héréſie détruite, Poëme héroïque, par le Noble. *Paris*, 1686, in 4. br.

1131 Abraham, ou la Vie parfaite, Poëme. 1680, in 12.

1132 L'Homme-Dieu ſouffrant, Poëme héroïque, par L. P. de Longeville. *Paris*, 1681, in 8. v. b.

1133 Saint Paulin, Poëme, par Perrault. *Paris*, 1686, in 8 fig. de le Clerc. v. b.

1134 Poëme du Quinquina, & autres Ouvrages en vers, par de la Fontaine. *Paris*, 1682, in 12. v. f.

1135 Lutrigot, Poëme héroï-comique. *Marſeille*, 1686, in 12. br.

1136 Le grand Théâtre des Nouvelliſtes, Docteurs & Hiſtoriens à la mode, Poëme héroï-comique. *Anvers*, 1689, in 8. baſ.

1137 Poëme ſur l'Euchariſtie, par M. de Sacy. *Paris*, 1695, in 4. v. b.

1138 Adam, ou la Création de l'Homme, Poëme, par Perrault. *Paris*, 1697, in 12. v. b.

1139 Le Poëte ſincere, ou les Vérités du ſiecle, Poëmes. *Anvers*, 1698, in 12. baſ.

1140 Les Vérités du ſiecle, Poëme héroï-comique. *Anvers*, 1698, in 12. baſ.

1141 La Magdelaine au deſert de la Sainte-Baume, Poëme ſpirituel, par le P. Pierre de Saint-Louis. *Lyon*, 1700, in 12. v. b.

1142 L'Egliſe des Invalides, Poëme. *Paris*, 1702, in fol.

1143 Poëme ſur la Grace, par Racine. *Paris*, 1722, in 8.

1144 La Religion, Poëme, par le même. *Paris*, 1725, in 8. v. b.

1145 Le même. *Paris*, 1742, in 8. v. f.

1146 La Ligue, ou Henri le Grand, Poëme épique, par M. de Voltaire. *Amſterdam*, 1724, in 12. v. f.

1147 La Henriade, Poëme, par le même. *Lond.* 1728, in 4. g. p. m. r.

1148 La Henriade traveſtie en vers burleſques. *Berlin*, 1745, in 12. br.

1149 Parallele de la Henriade & du Lutrin. 1746, in 12. b.

1147. Double

1150　Clovis, Poëme. *Paris*, 1725, in 8. m. r.

1151　Les Géans, Poëme. *Paris*, 1725, in 12. v. b.

1152　L'Accord de la Grace & de la Liberté, Poëme, par le Vaillant de la Baſſardries. *Tournay*, 1740, in 4. v. m.

1153　Les Amours d'Enée & de Didon, Poëme, par le Préſident Bouhier. *Paris*, 1742, in 12. v. m.

1154　Le Paradis Terreſtre, Poëme imité de Milton, par Madame du Boccage. *Londres*, 1748, in 8. br.

1155　L'Infortuné reconnoiſſant, Poëme, par Guer. *Paris*, 1751, in 4. m. r.

1156　Le Parnaſſe, ou Eſſais ſur les Campagnes du Roi, Poëme. 1752, in 12. v. m.

1157　La Colombiade, ou la Foi portée au nouveau monde, Poëme, par Madame du Boccage. *Paris*, 1756, in 8.

1158　L'Art de peindre, Poëme, par Watelet. *Paris*, Guerin & Delatour, 1760, in 4. br.

1159　Ollivier, Poëme. 1763, 2 tom. en 1 vol. in 12. v. m.

1160　Mes Caprices, ou Spéculations ſur l'Homme, Poëme. *Orléans*, 1764, in 8. v. f.

1161　Les Amours de Cherale, Poëme. *Amſterdam*, 1767, in 12. v. m.

1162　Lunettes à éclaircir la vue, Poëme burleſque. 1769, in 12. v. m.

1163　Lou Banquet e Pleſen Diſcours d'Augie Gaillard. *Lyon*, 1619, in 12. br.

1164　Ramounet, ou lou Payzan Agenés tournat de la Guerro, Paſtouralo, feito per de Courteto. *Agen*, 1701, in 12. br.

1165　Grizoulet, lou Joloux otropat, Coumedio del Rouſſet. *Sarlat*, 1694, in 12. br.

1166　La Gente Poiċtevin'rie, ovecque le Precez de Jorget & de ſan veſin & Chanſons jeouſes compouſie in bea Poitevin, & le Precez criminel d'in Marcacin. *Poeters*, 1646, in 12. parch.

1167　La Mizaille a Tavni, toute birolée de nouvea, & freſchemont émmolée, Comedie Poiċtevine, par Jean Drovhet. *Poiċtiers*, 1662, in 8. parch.

1168　Les Amours de Coals, Comédie Loudunoiſe en beau langage, par Saint-Long. *Loudun*, 1732, in 8. v. m.

1169　Noei Borguignon de gui Barozai, (de la Monnoye). *Ai Dioni*, 1720, in 12. m. r.

1170　Les mêmes. *Dijon*, in 12. br.

1171　Les Préjugés démaſqués en vers patois Sarcelois. 1756, in 12. br.

Poéſie Françoiſe dramatique.

1172 La Pratique du Théâtre , par l'Abbé d'Aubignac.
Paris, 1669, in 4. v. b.
1173 Diſſertations concernant le Poëme dramatique , par
le même. *Paris* , 1663 , in 12. v. b.
1174 Idée des Spectacles anciens & nouveaux, par Michel
de Pure. *Paris*, 1668, in 12. v. b.
1175 Diſſertation ſur la condamnation des Théâtres. *Par.*
1694, in 12. v. b.
1176 Hiſtoire des Ouvrages pour & contre la Comédie &
l'Opéra. *Orléans*, 1697, in 12. v. b.
1177 Le Théâtre François où il eſt traité de l'uſage de la
Comédie, &c. *Paris*, 1674, in 12. parc.
1178 Réflexions hiſtoriques & critiques ſur les différents
Théâtres de l'Europe, par L. Riccoboni. *Paris*, 1738,
in 8. v. f.
1179 Lettres hiſtoriques ſur tous les Spectacles de Paris.
Paris, 1719, in 12. v. b.
1180 Etrennes logogryphes du Théâtre & du Parnaſſe.
1741, in 12. br.
1181 Bibliotheque des Théâtres. *Paris*, 1733, in 8. v. m.
1182 Le Théâtre des Tragédies françoiſes. *Rouen*, 1620,
in 12. v. m.
1183 Le Théâtre françois. *Lyon*, 1674, in 12. baſ.
1184 Recueil de différentes pieces de Théâtre. 9 vol. in 12.
m. r.
1185 Liaſſe de pieces de Théâtre. in 4. in 8. & in 12. rel.
& br.
1186 Le Myſtere de la Conception de la Glorieuſe Vierge
Marie. in 4. goth. br. Rare.
1187 Le joyeux Myſtere des trois Rois à dix-ſept perſon-
nages, par Jean d'Abondance, Bazochien. in 12. v. f.
MSS. ſur papier. Rare.
1188 Le Myſtere de la Paſſion de Notre Seigneur J. C. avec
les additions de Jean Michel. *Paris*, in 4. br. il manque
pluſieurs feuillets à la fin.
1189 Les Tragédies de Robert Garnier. *Paris*, 1574,
in 8. parch.
1190 Les mêmes. *Paris*, 1580, in 12. m. v.
1191 Le Théâtre & autres Œuvres poétiques de Jean de
la Taille. *Paris*, 1574, 2 vol. in 8. v. f. Rare.

1192 Les Tragédies de N. Chrétien, Sr Descroix. *Rouen*, 1608, in 12. v. f.

1193 Les Tragédies de Claude Billard. *Paris*, 1613, in 8.

1194 Théâtre de P. de Brinon. *Rouen*, 1614, in 12. v. f.

1195 Les Tragédies & autres Œuvres poétiques de Jean Prevost. *Poitiers*, 1614, in 12. v. f. Rare.

1196 Le Théâtre de Mainfray. *Rouen*, 1618, in 12. br.

1197 Théâtre de Maître Jean Auvray. *Paris*, 1628, in 8.

1198 Théâtre de Baro. *Paris*, 1629, 3 vol. in 8. & in 4. v.

1199 Le Théâtre de la Croix. *Paris*, 1629, in 8. v. m.

1200 Le Théâtre de Marechal. *Paris*, 1631, 3 vol. in 8. & in 4.

1201 Les Tragédies & autres Poésies de M. de Scudéry. *Paris*, 1631, 4 vol. in 8. & in 4. parch.

1202 Le Théâtre de Pichou. *Paris*, 1631, in 8. parch.

1203 Théâtre de Dalibray. *Paris*, 1632, in 4. v. m.

1204 Le Théâtre de Rayssiguier. *Paris*, 1632, in 8. v. f.

1205 Le Théâtre de Gougenot. *Paris*, 1633, in 8. v. m.

1206 Théâtre de le Vert. *Paris*, 1638, in 4. v. f.

1207 Le Théâtre de Chevreau. *Paris*, 1638, 2 vol. in 4.

1208 Le Théâtre de Regnault. *Paris*, 1640, in 4. v. m.

1209 Théâtre de Sallebray. *Paris*, 1641, in 4. v. f.

1210 Théâtre de la Mesnardiere. *Paris*, 1642, in 4. v. m.

1211 Le Théâtre de Pierre Corneille. *Paris*, 1706, 5 vol. in 12. v. b.

1212 Le même, avec des Commentaires, par Voltaire. *Genéve*, 1764, 12 vol. in 8. fig. m. r.

1213 Œuvres diverses du même. *Par.* 1738, in 12. v. m.

1214 Les Sentimens de l'Académie françoise sur la tragi-comédie du Cid. *Paris*, 1638, in 8. parch.

1215 Dissertations sur deux tragédies de Corneille, intitu-lées *Sophonisbe & Sertorius*. *Paris*, 1663, in 12. parch.

1216 Théâtre de Thomas Corneille. *Paris*, 1692, 5 vol. in 12. v. b.

1217 Les Œuvres dramatiques de Mairet. *Paris*, 1650, 3 vol. in 4. v. f.

1218 Théâtre de Montauban. *Paris*, 1654, in 12. v. f.

1219 Théâtre de Boyer. *Paris*, 1659, 3 vol, in 12. v. f.

1220 Théâtre de Gilbert. *Paris*, 1659, in 12. v. m.

1221 Théâtre de Bois Robert. *Anvers*, 1660, 2 v. in 12. v. m.

1222 Théâtre de Brecourt. *Paris*, 1660, in 12. v. m.

1223 Théâtre de Somaize. *Paris*, 1660, in 12. v. m.

1224

1224 Théâtre de Chevalier. *Paris*, 1661, 2 vol. in 12. v. m.

1225 Théâtre de Lambert. *Paris*, 1661, in 12. v. f.

1226 Théâtre de J. de la Forge. *Paris*, 1663, in 12. v. f.

1227 Théâtre comique de Chappuzeau. *Lyon*, in 12. baſ.

1228 Théâtre de Vizé. *Paris*, 1666, 3 vol. in 12. v. f.

1229 Théâtre de Roſimond. *Grenoble*, 1668, in 12. v. f.

1230 Théâtre de Dorimond, *Paris*, 1671, 2 vol. in 12. v. f.

1231 Théâtre de Péchantré. *Paris*, in 12. v. f.

1232 Théâtre de Ferrier. *Paris*, 1679 in 12. v. f.

1233 Œuvres de Moliere. *Paris*, 1736, 6 vol. in 4. fig. m. b. premiere édition.

1234 Obſervations ſur une comédie de Moliere, intitulée le Feſtin de Pierre in 12. m. n.

1235 Obſervations ſur la comédie & le génie de Moliere, par Riccoboni. *Paris*, 1736, in 12. br.

1236 Théâtre de M. de la Fontaine. in 8. v. f.

1237 Œuvres de Racine *Londres*, 1723, 2 v. in 4. m. c.

1238 Les mêmes, enrichies de notes, par Luneau de Bois Germain. *Londres*, 1768, 7 vol. in 8. fig. (en feuilles).

1239 Théâtre de Montfleury. *Paris*, 1739, 3 vol. in 12. v. m.

1240 Théâtre de Quinault. *Paris*, 1715, 5 vol. in 12. v. b. manque le tom. 3.

1241 Les Œuvres de Foiſſon. *Paris*, 1679, in 12. v. f.

1242 Les mêmes. *Paris*, 1723, 2 tom. 1 vol. in 12. baſ.

1243 Théâtre de la Tuillerie. *Paris*, 1684, in 12. v. b.

1244 Théâtre du Pere de Colonia. *Lyon*, 1693, 2 vol. in 12. v. m.

1245 Théâtre & Œuvres diverſes de Paſſerat. *La Haye*, 1695, in 12. v. b.

1246 Œuvres de la Foſſe. *Paris*, 1706, in 12. v. b.

1247 Théâtre de l'Abbé Pellegrin. *Paris*, 1706, 2 vol. in 12. v f.

1248 Théâtre de Mademoiſelle Barbier. *Paris*, 1707, in 12. v. b.

1249 Théâtre de Danchet. *Par.* 1751, 4 vol. in 8. v. m.

1250 Œuvres de Campiſtron. *Paris*, 1739, 2 vol. in 12. v. m.

1251 Théâtre de Champmeſlé. *Par.* 1735, 2 v. in 12. v. f.

1252 Théâtre de Brueys. *Paris*, 1735, 3 vol. in 12. v. f.

1253 Théâtre de Palaprat. *Paris*, 1735, in 12. v. m.

I

1254 Œuvres d'Autreau. *Paris*, 1749, 4 tomes en 3 vol. in 12. v. m.

1255 Œuvres de Dufreny. *Paris*, 1731, 6 v. in 12. v. f. manque le tome IV.

1256 Théâtre de Dancourt. *Par.* 1742, 8 v. in 12. v. m.

1257 Théâtre de Baron. *Paris*, 1736, 2 vol. in 12. v. f.

1258 Œuvres de J. B. Rousseau, contenant ses Comédies. *Amsterdam*, 1726, in 12. v. f.

1259 Théâtre de le Grand. *Paris*, 1742, 4 v. in 12. v. m.

1260 Théâtre de Fagan, & autres Œuvres du même Auteur. *Paris*, 1760, 4 vol. in 12. v. écaille.

1261 Théâtre de Boissy. *Paris*, 1738, 5 vol. in 8. v. f.

1262 Théâtre & Œuvres diverses de M. Morand. *Paris*, 1751, 3 vol. in 12. v. m.

1263 Œuvres de la Grange Chancel. *Paris*, 1735, 3 vol. in 12. v. f.

1264 Les Œuvres de Crebillon. *Paris*, 1737, 2 vol. in 12. v. f.

1265 Pieces de Théâtre, par M. Marin. *Paris*, 1765, in 8. br.

1266 Comédies, par M. le Baron de Bielfeld. *Berlin*, 1753, in 12. broc.

1267 Jephté, ou le Vœu, tragédie, par Florent Chrestian. *Orléans*, 1567, n 4. v. f.

1268 Regulus, tragédie, par Jean de Beaubrueil. *Limoges*, 1582, in 8. v. f. très rare.

1269 Sophonisbe, Reine de Numidie, tragédie, par Claude Mermet. *Lyon*, 1585, in 12. parch.

1270 Le Petit Rasoir des ornemens mondains, tragédie, par F. Phil. Bosquiet. *Mons*, 1589, in 12. v. f. très rare.

1271 Vasthi, tragédie de Pierre Matthieu. *Lyon*, 1589, in 12. parch.

1272 Acoubar, tragédie, par Jacques Duhamel. *Rouen*, 1603, in 12. v. m.

1273 Jeanne d'Arcq, dite la Pucelle d'Orléans, tragédie. *Rouen*, 1606, in 12 v. f.

1274 Le Triomphe de la Ligue, tragédie nouvelle. *Leyde*, 1607, in 12. v. f. rare.

1275 L'Adonis, tragédie de Guill. le Breton. *Paris*, 1607, in 12. parc.

1276 Tyr & Sidon, tragédie, ou les Funestes Amours de Belcar & Meliane, par Daniel d'Ancheres. *Paris*, 1608, in 12. parch.

1277 Philis , tragédie , par Chevalier. *Paris* , 1609 , in 8. v. m.

1278 La Defcente d'Orphée aux Enfers , tragédie , par Charles de l'Efpine. *Louvain* , 1614 , in 12. baf.

1279 Ste. Agnès , tragédie de d'Aves. *Rouen* , 1615 , in 12. br.

1280 Les Amours de d'Alcméon & de Flore , tragédie , par Etienne Bellone. *Rouen* , 1621 , in 12. v. f.

1281 La Tragédie des Rebelles. *Par.* 1622. in 8. br. Rare.

1282 La mort de Pompée, tragédie. *Par.* 1628 , in 4. v. f.

1283 La Médée, tragédie & autres poéfies, par Jean de la Perufe. *Poitiers* , in 4 br.

1284 Les Adventures de Policandre & de Bafolie , tragédie , par Vieuget. *Paris* , 1632 , in 8. v. b.

1285 La Dorimene , tragédie , par le Comte. *Paris* , 1632 , in 8. v. m.

1286 La Chûte de Phaéton , tragédie, par de Vozelle. *Paris* , 1639 , in 4. v. f.

1287 L'Innocent Malheureux, ou la Mort de Crifpe, tragédie, par de Grenaille. *Paris* , 1639 , in 4. v. f.

1288 L'Injuftice punie , tragédie, par du Teil. *Paris* , 1641 , in 4. v. f.

1289 Marie Stuard, trag. par Régnault. *Par.* 1641, in 4. v. f.

1290 Cammane , tragédie. *Paris* , 1641 , in 4. v. f.

1291 Manlius Torquatus, tragédie , par Favre. *Paris* , 1642 , in 8. v. m.

1292 Le Déluge univerfel, tragédie, par Hugues de Picou. *Paris* , 1643 , in 8. v. f. Rare.

1293 Alinde , tragédie, par de la Mefnardiere. *Paris* , 1643 , in 4. br.

1294 Le Grand Selim , tragédie. *Paris* , 1645 , in 4. v. f.

1295 La Mort d'Asdrubal , tragédie, par Montfleury. *Paris* , 1647 , in 4. v. f.

1296 Les Pêcheurs illuftres, tragédie, par Marcaffus. *Paris* , 1648 . in 4. v. m.

1297 La Mort de Caton , ou l'Illuftre Défefpéré, tragédie. *Paris* , 1648 , in 12. v. f.

1298 La Mort de Roxane , tragédie. *Paris* , 1648 , in 4. parch.

1299 Les Chaftes Martyrs , tragédie , par Mademoifelle Cofnard. *Paris* , 1650 , in 4. v. f.

1300 Les Jumeaux martyrs, tragédie, par Madame de S. Balmon. *Paris* , 1650 , in 4. v. m.

I ij

1301 Oromazes, Prince de Perse, tragédie. *Paris*, 1650. in 4. v. f.

1302 Andromede, tragédie. *Rouen*, 1651, in 4. v. b.

1303 Balde, Reine des Sarmates, tragédie, par Jobert. *Paris*, 1651, in 4. v. m.

1304 Natalie, ou la Générosité chrétienne, tragédie, par de Montgaudier. *Paris*, 1654, in 4. v. b.

1305 La Mort d'Agrippine, tragédie, par Cyrano de Bergerac. *Paris*, 1654, in 4. br

1306 Le Champ, ou le Progrès de Martel, tragédie, par Cardin. *Caen*, 1657, in 12. v. f.

1307 Chariot de Triomphe, tiré par deux Aigles, de la glorieuse Bergere Ste. Reine, tragédie, par Hug. Millotet *Autun*, 1664, in 8. v. f.

1308 Le Grand Alexandre, ou Porus, Roi des Indes, tragédie. *Paris*, 1666, in 12. v. f

1309 Dipne, Infante d'Irlande, tragédie, par F. d'Avre. *Montargis*, 1668, in 12. v. f.

1310 Genevieve, ou l'Innocence reconnue, tragédie chrétienne. *Paris*, 1669, in 12. v. f.

1311 Le Triomphe de l'Amour divin de Ste. Reine, Vierge & Martyre, tragédie, par Alexandre le Grand. *Paris*, 1671, in 12. v. f.

1312 Jephté, ou la Mort de Seila, tragédie, par Templery. *Paris*, 1676, in 12. v. m.

1313 Esther, tragédie, par Racine. *Par.* 1689, in 4. v. b.

1314 Athalie, tragédie, par le même. *Paris*, 1691, in 4. v. b.

1315 Le Sacrifice d'Abraham, tragédie, par le P. du Moret. *Toulouse*, 1699, in 12. v. m.

1316 Saint Hermenigilde, royal Martyr, tragédie. *Caen*, 1700 in 12. v. f.

1317 Absalon, tragédie, par Duché. *Paris*, 1702, in 4. v. b.

1318 La Promenade de Gentilly à Vincennes, ou Talestris, Reine des Amazones, tragédie nouvelle. *Paris*, 1716, in 8 v. f.

1319 Alphonse & Aquitime, ou le Triomphe de la foi, tragédie, par la Roque Cusson. *Bordeaux*, 1721, in 8.

1320 Œdipe, ou les trois fils de Jocaste, tragédie. *Paris*, 1730, in 12. v. m.

1321 Le Joueur, tragédie bourgeoise, trad. de l'Anglois. *Paris*, 1762, in 12. v. m.

1322 Entretiens sur les tragédies de ce tems. *Paris*, 1675, in 12. v. b.

1323 L'Orphelin de la maison de Tchao, tragédie Chinoise, trad. en françois, par le Pere de Prémare. in 4. mss. br.

1324 L'Ombre de Garnier Stoffacher, Suisse, Tragi-comédie. 1584, in 4. br. Rare.

1325 Tragi-comédie Pastorale & autres Poésies, par Claude de Bassecourt. *Anvers*, 1594, in 12. parch.

1326 Lucelle, Tragi-comédie, par du Brueil. *Rouen*, 1606, in 12. v. f.

1327 Tyr & Sidon, Tragi-comédie, par Jean de Schelandre. *Paris*, 1628, in 8. v. f.

1328 Agimée, ou l'Amour extravagant, Tragi-comédie. *Paris*, 1629, in 8. parch.

1329 Cléonice, ou l'Amour téméraire, Tragi-comédie pastoralle. *Paris*, 1630, in 8. parch.

1330 La Silvanire, ou la Morte Vive, Tragi-comédie pastorale, par Mairet. *Paris*, 1631, in 4. br.

1331 La généreuse Allemande, Tragi-comédie, par Maréchal. *Paris*, 1631, in 8. v m.

1332 L'Espérance glorieuse, Tragi-comédie, par de Richemont. *Paris*, 1632, in 8. v. f.

1333 Les Heureuses Aventures, Tragi-comédie, par le Hayer du Perron. *Paris*, 1633, in 8. v. f.

1334 La Sylvie, Tragi-comédie, par Mairet. *Paris*, 1633, in 8. parch.

1335 Les Folies de Cardenio, Tragi-comédie, par Pichou. *Paris*, 1633, in 8. parch.

1336 L'Impuissance, Tragi-comédie, par Veronneau. *Paris*, 1634, in 8 vélin. très rare.

1337 L'Inconstance d'Hylas, Tragi-comédie pastorale, par Mareschal. *Paris*, 1635, in 8. parch.

1338 L'Indienne Amoureuse, ou l'Heureux Naufrage, Tragi-comédie, par le sieur du Rocher. *Paris*, 1635, in 12. v. m.

1339 Le Duéliste malheureux, Tragi-comédie. *Rouen*, 1636, in 4 v. f.

1340 Israël affligé, ou Tragi-comédie sur la Peste advenue du temps de David, par Jean Vallin. *Genéve*, 1637, in 8. v. m.

1341 L'Esclave couronnée, Tragi-comédie. *Paris*, 1638, in 12. v. f.

1342 Le Galimatias, Tragi-comédie, par de Roziers Beaulieu. *Paris*, 1639, in 4. parch.

1343 L'Amour tyrannique, Tragi-comédie, par de Scudery. *Paris*, 1639, in 4. parch.

1344 Cyminde, ou les deux Victimes, Tragi-comédie,
par Colletet. *Paris*, 1642, in 4. parch.

1345 La belle Esclave, Tragi-comédie, par de L'Estoille.
Paris, 1643, in 4. v. f.

1346 La Stratonice, ou le Malade d'Amour, Tragi-comédie, par Brosse. *Paris*, 1645, in 4. parch.

1347 Persélide, ou la Constance d'Amour, Tragi-comédie. *Paris*, 1646, in 4. v. f.

1348 Le sage Jaloux, Tragi-comédie. *Paris*, 1648,
in 4. v. f.

1349 Le sage Visionnaire, Tragi-comédie. *Paris*, 1648,
in 12. v. f.

1350 Adolphe, ou le Bigame généreux, Tragi-comédie.
Paris, 1650, in 4. parch.

1351 La Conversion de S. Paul, Tragi-comédie, par J.
Villemot. *Lyon*, 1655, in 12. v. m.

1352 Agathonphile, Martyr, Tragi-comédie, par Françoise Pascal. *Lyon*, 1655, in 12. m. r.

1353 Caïan, ou l'Idolâtre converti, Tragi-comédie. *Lyon*,
1656, in 12. v. f.

1354 Le grand Magus, Tragi-comédie. *Orange*, 1656,
in 8. parch.

1355 Timoclée, ou la Générosité d'Alexandre, Tragi-comédie. *Paris*, 1658, in 4. v. m.

1356 Mélisse, Tragi-comédie Pastorale. 1658, in 12. v f.

1357 Le Courtisan parfait, Tragi-comédie. *Grenoble*,
1668, in 12. v. f.

1358 Faramond, ou le Triomphe des Héros, Tragi-comédie. *Bordeaux*, 1672, in 12. v. m.

1359 Pastorale & Tragi-comédie de Janin, par J. Millet.
Lyon, 1686, in 8. parch.

1360 Don Quichotte de la Manche, Chevalier errant ré-
volté, Tragi-comédie. *Strasbourg*, 1703, in 12. v. f.

1361 Basile & Quitterie, Tragi-comédie, par Gaultier.
Paris, 1723, in 8. v. m.

1362 L'Expédition d'Ecosse, ou le retour du Prince de
Galles en France, Tragi-comédie. *Paris*, 1708, in 12.

1363 Les Napolitaines, Comédie facétieuse, par François
d'Amboise. *Paris*, 1584, in 12. v. m. très rare.

1364 Angélique, Comédie de Fabrice de Fournario. *Par.*
     1599, in 12. v. f.
1365 La Reconnue, Comédie, par Remy Belleau. in 12.
1366 La Comédie des Comédies, trad. en françois par du
     Pechier. *Paris*, 1629, in 12. v. f.
1367 La Lizimene, Comédie Pastorale, par G. de Coste.
     Paris, 1632, in 8. v. m.
1368 La Comédie de Proverbes, piece comique. *Paris*,
     1634, in 8.
1369 La Comédie de Chansons. *Paris*, 1640, in 12. v. f.
1370 Europe, Comédie héroïque, par Desmarets. *Paris*,
     1643, in 4. parch.
1371 La Farce des Courtisans de Pluton. 1649, in 4. v. m.
1372 La Comédie des Académistes, par de Saint-Evre-
     mont. in 12. v. m.
1373 L'Eunuque, Comédie. *Paris*, 1654, in 4. br.
1374 Le Mariage de rien, Comédie, par Jacob. *Paris*,
     1660, in 12. v. f.
1375 Le Procès des Précieuses, Comédie. *Paris*, 1660,
     in 12. parch.
1376 La Cocue imaginaire, Comédie, par François Do-
     neau. *Paris*, 1662, in 12. v. f.
1377 Alison, Comédie. *Paris*, 1664, in 12. v. f.
1378 L'Amant douillet, Comédie. *Paris*, 1666, in 12.
1379 La Critique du Tartuffe, Comédie. *Paris*, 1670,
     in 12. v. m.
1380 Elomire hypocondre, ou les Médecins vengés, Co-
     médie, par le Boulanger de Chalussay. *Paris*, 1670,
     in 12. v. b.
1381 Le Mariage sans mariage, Comédie, par Marcel.
     Paris, 1672, in 12. v. f.
1382 Amsterdam hydropique, Comédie burlesque. *Paris*,
     1673, in 12. v. f.
1383 Tite & Titus, ou Crique sur les Bérénices, Comé-
     die. *Utrecht*, 1673, in 12. v. f.
1384 Les Plaintes du Palais, satyre en forme de Comédie.
     Paris, 1679, in 12. v. b.
1385 Les Frayeurs de Crispin, Comédie. *Leyde*, 1682,
     in 12. v. f.
1386 Les Bouts-rimés, Comédie, par de Saint-Glas. *Par.*
     1682, in 12. v. m.
1387 Les Contens, Comédie, par Pierre de Ravel. *Paris*,
     1684, in 8. v. f. Rare.

1388 Les Ivrognes, Comédie satyri-burlesque. *Cologne,* 1687, in 12. v. b.

1389 Les Amours de Merlin, Comédie, par Rozidor. *Rouen,* 1691, in 12. v. f.

1390 Esope, Comédie, par le Noble. *Paris,* 1691. = Esope à la Cour, Comédie, par Boursault. *Paris,* 1702, in 12. baf.

1391 La belle Cabaretiere, ou le Procureur à la mode, Comédie. *Amsterdam,* 1692, in 12 v. f.

1392 Les Petits - Maîtres d'Eté, Comédie. *Orléans,* 1696, in 12. v f.

1393 Le Retour de Jacques II à Paris, Comédie. *Cologne,* 1696, in 12. v. f.

1394 Le Contre-impromptu de Namur, Comédie. *Amsterdam,* 1696, in 12. v. f.

1395 Le Quartier d'hyver, Comédie en profe, par de Grandval *Rouen,* 1697, in 12. v. f.

1396 Le Salmigondis comique, ou les Aventures amou-reufes, Comédie. in 4. MSS. v. b.

1397 La Kermeffe, ou Foire d'Utrecht, Comédie, par Robert. *Amsterdam,* in 12 v. f.

1398 La Femme pouffée à bout, Comédie. *Londres,* 1700, in 12. v. b.

1399 Le Franc-Bourgeois, Comédie, par de Valentin. *Bruxelles,* 1706, in 12. v f.

1400 Les Eaux de Wifan. Comédie. *Prague,* 1710, in 12.

1401 La Femme teftue, Comédie. *Paris,* in 12. v. f.

1402 La Peau de bœuf, ou Remede univerfel pour faire une bonne Femme d'une mauvaife, Comédie. *Valencien.* 1710, in 12. br.

1403 Le Jaloux trompé, Comédie, par Dubois. *Paris,* 1714, in 12. v f

1404 La Famille ridicule, Comédie. *Berlin,* 1720, in 12.

1405 La Famille, Comédie. *Paris,* 1737, in 12. v. f.

1406 Le Triomphe de l'Amour, ou Dom Pedro de Caftille, Comédie mife en vers par le Roux, & autres pieces poé-tiques *Paris.* 172., in 8. v. m.

1407 L'Equivoque, Comédie, par Dubruit de Charville. *Toulouse,* 1729, in 12. m r.

1408 La Femme jaloufe, Comédie en cinq Actes, en vers françois. *Nancy,* 1734, in 8. v. f.

1409 La prétendue Veuve, ou l'Epoux Magicien, Comé-die

die en cinq Actes. *Paris*, 1737, in 8. v. b.

1410 L'Hipocondre, ou la Femme qui ne parle pas, Comédie, par J. B. Rousseau. *Amsterdam*, 1751, in 12. b.

1411

1412 La Faculté vengée, Comédie. *Paris*, 1747, in 8.

1413 L'Amant Génie, Comédie, par de la Borde Montibert & Houdart de la Motte. *Metz*, in 12. v. f.

1414 Les Leçons de Thalie, ou les Tableaux de divers Ridicules que la Comédie présente. *Paris*, 1751, 2 vol. in 12. baf.

1415 Differtation fur la Poéfie paftorale, par l'Abbé Geneft. *Paris*, 1707, in 12. v. b.

1416 Athlette paftourelle, par Ollenix du Mont-facré. *Par.* 1588, in 8. br.

1417 La Diane Paftourelle, par le même. 1594, in 12. b.

1418 Le Dédain amoureux, Paftorale, trad. de l'italien de Bracciolini, en franç. *Paris*, 1603, in 12. v. b.

1419 La chafte Bergere, Paftorale, par de la Roque. *Rouen*, 1599, in 12. v. f.

1420 L'Union d'Amour & de Chafteté, Paftorale, par A. Gautier. *Poictiers*, 1606, in 12. parch. Rare.

1421 Sidere, Paftorelle, par d'Ambillon. *Paris*, 1609, in 12.

1422 L'Amour triomphant, Paftorale comique, par P. Troterel. *Paris*, 1615, in 12. v. m. Rare.

1423 Iris, Paftorale, par de Coignée de Bourron. *Rouen*, 1620, in 12. v. f.

1424 La Sylvanire, ou la Morte vive, Fable bocagere, par Honoré d'Urfé. *Paris*, 1617, in 8 vél.

1425 Philine, ou l'Amour contraire, Paftorale, par de la Morelle. *Paris*, 1630, in 8. v. f.

1426 Le Mariage d'Amour, Paftorale. *Paris*, 1631, in 12. br.

1427 Chafteté invincible, Bergerie en profe. *Par.* 1633, in 8. v. f.

1428 La Cydippe, Paftorale, par de Bauffays. *Par.* 1633, in 8. v. m.

1429 L'Eromene, Paftorale, par Marçaffus. *Par.* 1633, in 8. v. m.

1430 La Pompe funebre, ou Damon & Cloris, Pastorale. *Paris*, 1634, in 8. parch.

1431 Les Noces de Vaugirard, ou les Naïvetés champê-
tres, Pastorale. *Paris*, 1638, in 8. parch.

1432 La Pastorale sacrée, par Charles Cotin. *Paris*,
1662, in 12. v. b.

1433 Nouvelle Comédie des Chansons de ce tems, Pastorale. *Paris*, 1662, in 12. v. m.

1434 Histoire de l'ancien Théâtre Italien, par MM. Parfait. *Paris*, 1753, in 12. br.

1435 Histoire du Théâtre Italien, par Louis Riccoboni,
dit Lelio. *Paris*, 1731, 2 vol. in 8. v. f.

1436 Table alphabétique & chronologique des Pieces
représentées sur l'ancien Théâtre Italien, depuis son établissement jusqu'en 1697 qu'il a été fermé. *Paris*, 1750,
in 8. m. r.

1437 Le Théâtre Italien de Gherardi. *Paris*, 1700, 6 vol.
in 12. v. b.

1438 Nouveau Théâtre Italien. *Paris*, 1730, 2 vol.
in 12. v. m.

1439 Les Parodies du nouveau Théâtre Italien. *Paris*,
1738, 4 vol. in 8. v. f.

1440 Théâtre de Riccoboni, Dominique & Romagnesi.
Paris, 1732, 4 vol. in 12. v. f.

1441 Recueil de Comédies & de Vaudevilles de la Comédie Italienne. in 12. v. f.

1442 Mémoires pour servir à l'Histoire des Spectacles de
la Foire. *Paris*, 1743, 2 tom. en 1 vol. in 12. v. m.

1443 Le Théâtre de la Foire, par le Sage & d'Orneval.
Amsterdam, 1723, 10 vol. in 12. v. f. manque le t. 5.

1444 Théâtre des Boulevards, ou Recueil de Parades.
Mahon, 1756, 3 vol. in 12. v. m.

Académie Royale de Musique.

1445 Des Représentations en musique anciennes & modernes. *Paris*, 1681, in 12. v. b.

1446 Ballets, Opera, & autres Ouvrages lyriques, par
ordre chronologique. *Paris*, 1760, in 8. br.

1447 Recueil des plus excellens Ballets de ce tems. *Paris*,
1612, in 8. v. b.

1448 Les Oracles François, ou Explication allégorique

du Ballet de Madame, Sœur du Roi, *Paris*, 1615,
in 8. parch.

1449 Lettres à Madame la Marquise de P..... sur l'O-
pera. *Paris*, 1741, in 12. v. f.

1450 Recueil général des Opera. *Paris*, 1703, 16 vol.
in 12. v. f. } 14 -- ...

1451 Théâtre Lyrique. *Paris*, 1712. in 12. v. b.

1452 Fragmens de Lully, Ballet. *Paris*, 1702, in 4.
oblong. v. b.

1453 Amadis de Grece, tragédie mise en musique. *Paris*, 1712, in 4. oblong. v. b. } 1 -- 11 --

1454 Les Fêtes de Thalie, Ballet en musique. *Paris*,
1720, in 4. oblong. v. b.

1455 Spectacles donnés à Fontainebleau en l'année 1754.
Paris, in 4. m. r. 3 -- 12 ..

1456 Spectacles représentés devant leurs Majestés, sur
les Théâtres de Choisy, Fontainebleau & Versailles,
pendant les années 1763 & 64. *Paris*, 1763, 2 vol.
in 8. v. m. 4 -- 16 ..

1457 Le Second Livre des Chansons à cinq parties, composées & mises en musique, par Jean de Castro, *mss.*
sur velin très-bien écrit par Jean Posset en 1571, avec
des Lettres initiales peintes en or & en couleur, in 4.
oblong. m. cit. 16 -- 10 ..

1458 La Dépouille d'Egypte, ou Larcin glorieux des plus
beaux airs de Cour. *Paris*, 1629. in 8. v. f. 1 -- .. ..

1459 Recueil des plus beaux airs à danser. *Paris*, 1634,
in 12. br.

1460 Recueil de Cantates, par J. Bachelier. *La Haye*,
1728, in 12. v. m. } 1 -- 3

1461 Chansons notées, de la Confrérie des Maçons libres, par Naudot. 1737, in 12. br.

1462 Recueil général des Pieces, Chansons & Fêtes données à l'occasion de la prise du Port-Mahon. *Paris*,
1757, in 8. br.

Poëtes Italiens, Espagnols & Anglois. } 3 -- 4 --

1463 La Comédie du Dante, de l'Enfer, du Purgatoire &
du Paradis, mise en rime françoise, par Grangier. *Paris*, 1597, in 12. vel.

1464 Les Œuvres vulgaires de Franç. Petrarque, trad. en
vers françois, par Vasquin Philieul. *Avignon*, 1555,
in 8. parch. 6 -- 12 --

3 -- 12 --

1464. Double -- 3 -- 12 -

1465 Les mêmes, trad. en vers françois, par Philippe de
Maldeghem. *Bruxelles*, 1600, in 12. v. f.

1466 Les Triomphes du même, trad. en françois. *Paris*,
1514, in fol. v. f.

1467 Essais de Hierofme d'Avoft de Laval, sur les Sonnets du divin Petrarque. *Paris*, in 8. parch.

1468 Orlando Innamorato, di Mat. Maria Bojardo, ri-
fatto da Francefco Berni. *Parigi*, Molini, 1768, 4 vol.
in 12. baf.

1469 Roland Furieux, Poëme héroïque de l'Ariofte,
traduit en françois, par M. de Mirabeau. *La Haye*,
1741, 4 vol. in 12. v. f.

1470 L'Ariofte travefti, en vers burlefques. *Paris*, 1650,
in 4. parch.

1471

1472 La Hierufalem délivrée du Taffe, Poëme héroïque
en vers françois. *Paris*, 1671, 2 vol. in 18. v. f.

1473 La même, trad. en vers françois, par le Clerc. *Paris*, 1667, in 4. v. b.

1474 Jerufalem regnante, contenant la fuite & la fin des
Amours d'Armide & d'Herminie, par Jacques Corbin.
Paris, 1600, in 12. v. b.

1475 L'Aminte du Taffe, Paftorale. *Paris*, 1632, in 8.
fig. parch.

1476 Imitation de l'Aminte du Taffe, par Pierre de
Brach. *Bourdeaux*, 1584, in 4. v. f.

1477 Lydie, Fable champêtre, imitée de l'Aminte du
Taffe, par le fieur du Mas. *Paris*, 1609, in 8. v. f.

1478 Le Berger fidele, traduit de l'Italien de Guarini, en
vers françois. *Paris*, 1671, in 12. v. b.

1479 Les Madrigaux amoureux du Cavalier Guarini,
Paris, 1664, in 12. v. b.

1480 La Philis de Scire, Comédie Paftorale, trad. de l'I-
talien en françois. *Tolofe*, 1624, in 8. v. f.

1481 La même, trad. en vers françois par du Cros. *Paris*, 1630, in 8 parch.

1482 La même. *Paris*, 1669, in 12. v b.

1483 Le Seau enlevé, Poëme héroï-comique du Taffoni,
trad. en françois. *Paris*, 1678, 2 vol. in 12. v. b.

1484 Fables diverfes de Léon Baptifte Alberti, en Italien
& en françois, accompagnées de Sens Moraux & Politiques, par Louis Pompe. *Paris*, 1693, in 12. v. b.

1485 Poesie Toscane, del Abate Regnier Desmarais. *In Parigi*, 1708, in 12. v. f.

1486 Libero Arbitrio, Tragedia, di Francesco Negro. 1550. in 8. m. r. Rare. — 26--19--

1487 Candelaio, Comedia, del Bruno Nolano. *In Parigi*, 1582, in 12. m. r. Rare. --13--3--

1488 Emilie, Comédie nouvelle de Loys Groto, aveugle d'Hadria, en Italien & en françois. *Paris*, 1609, in 12. v. m. --1--r--

1489 Ste. Marie Egyptienne, tragédie, trad. de l'Italien d'Hyacynthe André Cicognini, in 4. mss. sur papier v. b. --1--5--

1490 Le Grazie Rivali, declamazioni accademiche del Gio. Battista Manzini. *In Bologna*, in 12. parch.

1491 Feste Theatrali, per la finta pazza. Drama di Giulio Strozzi. *In Parigi*, 1645, in fol. fig. v. f. 2--"

1492 Tragédies-Opera, de l'Abbé Metastasio, trad. en françois. *Vienne*, 1751, 5 vol. in 12. v. m. --5--19

1493 Les Horreurs sans Horreurs, Poëme comique, tiré de Dom Fr. de Quevedo, par Jaulnay. *Paris*, 1671, in 12. br. --1--18--

1494 Tragi-comédia de Calisto y Melibea, por Fernando de Rojas. *In Pamplona*, 1633, in 8. parch.

1495 Le Mattois Mati, ou la Courtisanne attrapée, comédie en prose, trad. de l'Espagnol, 1613, in 8. v. f. 1--13

1496 Choix de différens morceaux de Poésies, trad. de l'Anglois, par Trochereau. *Paris*, 1749, in 12. v. m.

1497 La Boucle de cheveux enlevée, Poëme héroï-comique de Pope, trad. en vers françois. *Paris*, 1742, in 8. br. 1--10--

1498 Choix des Idylles de Milady Ecktorf, trad. de l'Anglois, par Manon de Chaillot. *Paris*, 1749, in 12. br.

1499 Le Théâtre Anglois, trad. en françois, par M. de la Place. *Paris*, 1745, 8 vol. in 12. v. f. manque le tome III. --13--10--

1500 La Critique du Théâtre Anglois de Collier. *Paris*, 1715, in 12. v. m.

1501 Schakespeare's Works. *London*, 1632, in fol. v. b. 3--4--

MYTHOLOGIE.

1502 BOCACE de la généalogie des Dieux, trad. en françois. *Paris*, Ant. Verard, 1498, in fol. v. m. 5--"

1485. *Double* --1--4--
1489. *Triple* --1--6--

1503 La Pandore de Janus Olivier , trad. en françois par Guill. Michel. *Paris* , 1542 , in 8. m. r.

1504 Le Temple des Muses , orné de 60 Tableaux où sont représentés les évenemens les plus remarquables de l'antiquité fabuleuse, dessinés & gravés par B. Picart. *Amsterdam* , Chatelain , 1733 , in fol. m. r.

1505 La Vérité des Fables , ou l'hist. des Dieux de l'antiquité. *Paris* , 1661 , 2 vol. in 8. bas.

1506 Le Château de Richelieu , ou l'Histoire des Dieux & des Héros de l'antiquité, par Vignier. *Saumur* , 1681, in 12. v. b.

F A B L E S   E T   A P O L O G U E S.

1507 Les Fables d'Esope mises en vers françois. *Paris* , 1670 , in 12. fig. v. b.

1508 Esope en belle humeur. *Bruxelles* , 1700 , 2 vol. in 12. fig. v. f.

Facéties ; Plaisanteries ; Histoires comiques , plaisantes & récréatives.

1509 Les Œuvres de Me. François Rabelais. *Amsterdam* , 1711 , 6 vol. in 12. v. b.

1510 Les mêmes , avec des remarques hist. de M. le Duchat. *Amsterdam* , 1741 , 3 vol. in 4. m. r. fig. de B. Picart.

1511 Rabelais ressuscité , récitant les faits & comportemens admirables de très valeureux Grangosier, Roi de place vuide , trad. en françois, par Thebaut le Nattier. *Paris* , 1614 , in 12. parch.

1512 Le nouveau Panurge , avec sa navigation en l'Isle Imaginaire. *La Rochelle* , in 12. v. f.

1513 Facétieuses Paradoxes de Bruscambille , & autres Discours comiques. *Rouen* , 1615 , in 12. m. r.

1514 Les nouvelles & plaisantes Imaginations du même. *Bergerac* , 1615 , in 12. parch.

1515 Les Fantaisies , du même. *Paris* , 1668 , in 12. v. f.

1516 Les plaisantes idées de Mistanguet , Docteur à la moderne , parent de Bruscambille. *Paris* , 1615 , in 12. v. f.

1517 Recueil général des Œuvres & Fantaisies de Taba-

rin , avec les Rencontres & Fantaifies du Baron de Grat-
telard. *Rouen*, 1640, in 12. v. f.

1518 Les Œuvres burlefques de Nouguier. *Orange*, 1650,
in 8. parch.

1519 Lettres fubtiles & facétieufes de Céfar Rao, trad. en
franç. par Gab. Chappuys. *Rouen*, 1609, in 12. parch.

1520 La nouvelle Fabrique des excellens traits de vérité,
pour inciter les rêveurs triftes & mélancholiques à vivre
de plaifir, par Philippe d'Alcripe. in 12. v. f.

1521 Les agréables Divertiffemens françois, contenant
plufieurs Rencontres facétieufes de ce tems. *Paris*,
1654, in 8. parch.

1522 La Farce des Quiolards, pour le divertiffement des
mélancholiques, & de ceux qui font en parfaite fanté.
Rouen, in 12. v. f.

1523 Difcours d'aucuns propos ruftiques, facétieux, &
de finguliere récréation, ou les Rufes & Fineffes de Ra-
got, Capitaine des Gueux, par Noel du Fail. 1732,
in 12. v. f.

1524 Le Patron de l'honnête raillerie, ou les bons mots
& plaifantes rencontres du fameux Arlotte. *Paris*,
1650, in 12. v. f.

1525 Recueil général des caquets de l'accouchée. 1630,
in 8. parch. manque la fin.

1526 L'Après-Dîné des Dames de la Juiverie, converfa-
tion comique, par de Nonnantes. *Nantes*, 1722,
in 12. v. f.

1527 La Sage Folie par Spelte, trad. en françois par Louis
Garon. *Lyon*, 1628, in 12. parch.

1528 Secret de ne payer jamais, tiré du Tréforier de l'E-
pargne, par le Chevalier de l'Induftrie, par Vital Bede-
ne. *Lyon*, in 12. m. r.

1529 Regrets facétieux & plaifantes Harangues funebres
du fieur Thomaffin, fur la mort de divers animaux.
Rouen, 1632, in 12. br.

1530 Harangues burlefques, fur la vie & fur la mort de
divers animaux, par M. Raifonnable. *Paris*, 1651,
in 8. parch.

1531 Les Bravacheries du Capitaine Spavente, divifées
en forme de Dialogue, trad. de l'Italien en françois
(par J. de Fonteny.) *Paris*, 1608, in 12. br.

1532 Rodomontades Efpagnoles. *Rouen*, 1650, in 12. b.

2..12. 1533 La Mufique du Diable, ou le Mercure Galant déva-
lifé. *Paris*, 1711, in 12. v. b.

2..14 1334 L'Art de plumer la poule fans crier. *Cologne*, 1710,
in 12. v. b

3..15. 1535 Les Coudées franches. *Paris*, 1713, in 12. v. b.

5..19 1536 Les Etrennes de la St. Jean. *Troyes*, 1742, in 12.
gr. pap.

2.." 1537 Les Ecoffeufes. *Troyes*, , 1745, in 12. v. f.

3..2 2338 Le Pot-Pourri. *Amfterdam*, 1748, in 12. v. m.

CONTES ET NOUVELLES.

11..10 1539 Il Decameron di Meffer Giovanni Boccacci. *In
Amfterdamo*, 1665, in 12. m. b.

12..1 1340 Les Cent Nouvelles de J. B. Giraldy, trad. en françois, par Gabriel Chappuys. *Paris*, 1584, 2 vol.
in 8. v. f.

12 1541 Ducento Novelle, di Celio Malefpini. *In Venetia*,
1609, in 4. v. f

3.. 1542 Contés & Hiftoriettes divertiffantes, tirées de Gui-
chardin & autres, par Pompe. *Par.* 1688, in 12. v. b.

7..12 1543 Les Contes & Difcours d'Eutrapel, par Noel du
Fail, 1732, 3 vol. in 12. v. f.

4..1 1544 Contes & Nouvelles, & Joyeux devis de Bonaventure des Periers. *Amfterdam*, 1709, 2 tomes, 1 vol.
in 12. v. b.

10.." 1545 Les Cent Nouvelles Nouvelles, ornées de figures de
Romain de Hooge. *Cologne*, 1701, 2 vol. in 8) v. b.

5.." 1546 Contes Amoureux, par Jeanne Flore. *Lyon*, 1574,
in 16. v. m.

3..1 1547 L'Efté de Benigne Poiffenot. *Par.* 1583, in 16. v. m.

3..15 1548 Les Serées de Guillaume Bouchet. *Paris*, 1608,
in 12. parch.

1.." 1549 Les Nouvelles, ou les Divertiffemens de la Princeffe Alcidiane, par Madame de la Calprenede. *Paris*,
1661, in 8. baf.

10.." 1550 Nouvelles Nouvelles. *Paris*, 1663, 2 vol. in 12.
fig. m. b.

8.." 1551 Contes à rire. *Cologne*, 1722, 2 v. in 12. fig. v. m.

2.." 1552 Nouvelles Morales de Don Diego Agreda. *Paris*,
1621, n 8. v. b.

2..12.2338. *Double*.

10.10. 1545. *Double*.

1553

ROMANS.

1553 Traité de l'origine des Romans, par Huet. *Paris*, 1693, in 12. v. f.

1554 Lettre de M. Huet, sur l'origine des Romans. *Paris*, 1678, in 12. v. b.

1555 De l'usage des Romans, par C. Gordon de Percel, (Lenglet Dufresnoy). *Amsterdam*, 1734, 2 vol. in 12. v. m.

1556 L'Histoire justifiée contre les Romans, par le même. *Amsterdam*, 1735, in 12. v. m.

1557 Aben Muslu, Histoire Turque. *Paris*, 1737, 2 vol. in 12. v. f.

1558 L'Académie Militaire, ou les Héros subalternes, par Parisien. *Lausanne*, 1747, in 12. br.

1559 Adélaïde, ou l'Amour & le Repentir, Anecdote volée. *Amsterdam*, 1769, in 8. v. m.

1560 Agiatis, Reine de Sparte. *Paris*, 1685, 2 vol. in 12. v. b.

1561 L'Alcide, Roman. *Paris*, 1647, in 8. m. r.

1562 Alcippe, ou du Choix des Galans, par Somaize. *Paris*, 1661, in 12. v. f.

1563 Alexandre & Isabelle, Histoire tragi-comique, par Humbert de Queyras. *Paris*, 1626, in 8. m. v.

1564 Alfrede, Reine d'Angleterre, Nouvelle historique. *Lyon*, 1678, in 12. m. r.

1565 L'Algouasil burlesque, par de Bourneuf. *Par.* 1657, in 8. parch.

1566 Suite des Alarmes d'Amour, par J. Estival. *Lyon*, 1608, in 12. parch. Rare.

1567 L'Almerinde, Roman. *Paris*, 1646, in 8. v. f.

1568 Almoran & Hamet, Anecdote Orientale. *Londres*, 1763, in 12. v. m.

1569 Aloph, ou le Parastre malheureux, Histoire Françoise. 1626, in 12. parch.

1570 L'Amant cloîtré, ou les Aventures d'Oronce & d'Eugénie, par de la Roberdiere. *Amsterdam*, 1683, in 12.

1571 L'Amant dupé & content, Histoire galante. *Lyon*, 1711, in 12. m. r.

1572 L'Amant libéral, ou les Amours de Richard & de Léonice. *Liege*, 1706, in 12. br.

L

1573 L'Amant oisif, Nouvelle. 3 vol. in 12. baſ.

1574 Amarante, ou le Triomphe de l'Amitié. *Par.* 1715, in 12. v. f.

1575 Les Amazones révoltées, Roman, par Don Louis le Maingre de Bouciquault. *Rotterdam*, 1730, in 12. v b.

1576 L'Ambigu d'Auteuil, ou Vérités hiſtoriques. *Paris*, 1709, in 12. v b.

1577 L'Ambitieuſe Grenadine, Hiſtoire galante. *Paris*, 1678, in 12. br.

1578 Amelonde, Hiſtoire de notre tems. *Paris*, 1669, in 12. v. m.

1579 Amoſis, Prince Egyptien, Hiſtoire merveilleuſe. *Paris*, 1728, in 12. v. m.

1580 Les Amours paſtorales de Daphnis & Chloé, avec les figures gravées par Audran ſur les Peintures de M. le Duc d'Orléans, Régent de France. *Paris*, 1718, in 8. m. r. l. r. très rare.

1581 Les Amours d'Iſmene & d'Iſménias. *La Haye*, 1743, in 12. m. r.

1582 Les Amours de Théagenes & Chariclée, Hiſtoire Ethiopique. *Lond.* 1743, 2 vol. in 12. fig. m. r.

1583 Les Amours d'Anthie & d'Abrocomas, trad. de Xenophon. *Paris*, 1736, in 12. br.

1584 Du vrai & parfait Amour, écrit en grec par Athenagoras, contenant les Amours de Théogenes & de Charide. *Paris*, 1612, in 12 v. f.

1585 Les Amours de Carite & de Polydore, Roman, trad. du grec. *Paris*, 1760, in 12. v. f.

1586 Les Amours des Déeſſes, par de la Serre. *Paris*, 1626, in 8. v. b.

1587 L'Amour de Cupido & de Pſyché, trad. d'Apulée. *Paris*, 1546, in 16. v. f.

1588 Les Amours de Pſyché & de Cupidon, par de la Fontaine. *Paris*, 1669, in 8. v. f.

1589 Les Amours de Tibulle, par de la Chapelle. *Paris*, 1719, 3 vol. in 12. v. f.

1590 Amours de Louis le Grand & de Mademoiſelle du Tron. *Rotterdam*, in 12. v. f. Rare.

1591 Les Amours de S. A. R. Mademoiſelle avec M. le Comte de Lauzun, enſemble le ſujet de ſon éloignement. in 12. v. b.

1592 Les Amours de Madame d'Elbœuf. *Amſterdam*, 1739, in 12. v. m.

1593 Les Amours de la Cour & de la Paftorale , Hiftoires de ce tems , par du Rofier. *Paris*, 1623, in 12. v. f. — 1 — 8 . .

1594 Les Amours diverfes de ce tems. *Paris*, 1629, in 8. v. f. — 2 . . 8 . .

1595 Les Amours d'Eumene & de Flora , ou Hiftoire des Intrigues amoureufes d'une grande Princeffe de notre fiecle. *Cologne*, 1705, in 12. baf. — 1 — .. —

1596 Les Amours de Cléandre & Domiphile , par d'Olle-nix du Mont-facré. *Paris*, 1598, in 12. v. f. — 1 — 8 .

1597 Les Amours de Glorian & d'Ifmene , par du Souhait. *Paris*, 1600, in 12. br.

1598 Les Amours de Poliphile & Melonymphe. *Par.* 1600, in 16. v. b. } 1 — 7 . .

1599 Amours divers divifés en huit Hiftoires, par de Ner-veze. *Paris*, 1611, 3 vol. in-12. v. m.

1600 Suite des aventures guerrieres & amoureufes de Léan-dre , par le même *Lyon*, 1617, in 12. v. f. } 3 — 1 — .

1601 Les Amours d'Ariftandre & de Cléonice , par d'Au-diguier. *Paris*, 1626, in 8. v. f. } .

1602 Les Amours infortunés de Cléandre & Lyranie , par M. J. Juvernay. *Paris*, 1627, in 8. v. b. } 1 — .. —

1603 Les Amours de Floris & Cléonthe , par Duparc. *Par.* in 12. parch. } . —

1604 Les Amours de Charles de Gonzague & de Margue-rite , Comteffe de Rovere. 1666 , in 12. v. b. } 1 — .. ..

1605 L'Amour & fon Thrône , ou les Nouvelles amou-reufes du Loredan , Gentilhomme Vénitien. *Par.* 1646, in 12. parch. — 1 — 19 . .

1606 L'Amour Amant. *Paris*, 1664, in 12. m. r. — 1 — 4 . .

1607 L'Amour aventureux, par Duverdier. *Paris*, 1623, in 8. v. b. — 1 — 18 . .

1608 L'Amour décent & délicat. 1760, in 12. br. — 1 — 8

1609 L'Amour dégagé , ou les Aventures de Don Fremal & de D. Garcie. *Cologne*, 1708 , in 12. v. f. — 1 — 9 —

1610 L'Amour échappé , ou les diverfes manieres d'aimer. *Paris*, 1669, in 12. v. b. — 2 — 1 . .

1611 L'Amour en fureur , ou les excès de la jaloufie ita-lienne. *La Haye*, 1742, in 12. m. r. — 1 — 11 —

1612 L'Amour innocent, par de Someire. *Paris*, in 4. v. b. — 1 — .. —

1613 L'Amour fans foibleffe. *Paris*, 1671, in 12. baf. } 1 — 4 . .

1614 L'Amour victorieux , par Cl. Garnier. *Par.* 1609, in 12. parch. }

1615 L'Amphithéâtre fanglant , où font repréfentées plu- } 1 — 6 . .

L ij

fieurs actions tragiques de notre tems, par J. P. Camus. *Rouen*, 1640, in 12. parch.

1616 Amufemens des Bains de Bade en Suiffe. *Londres*, 1739, in 8. fig. v. b.

1617 Amufemens des eaux de Spa. *Amflerdam*, 1734, 2 vol. in 12. v. f fig.

1618 Les Amufemens de la campagne. *Paris*, 1724, in 12. v. f.

1619 Amufemens du beau fexe. *La Haye*, 1740, 2 vol. in 12. m. r.

1620 Amufemens hiftoriques. *Par.* 1735, 2 v. in 12. v. f.

1621 Les Amufemens de la Hollande. *La Haye*, 1739, in 12. v. m.

1622 Anecdotes galantes & tragiques de la Cour de Neron. *Paris*, 1735, in 12. v. f.

1623 Anecdote, ou Hiftoire fecrete des Veftales. *Paris*, 1700, in 12. baf.

1624 Anecdotes de la Cour de Bonhommie. *Paris*, 1752, in 12. v. m.

1625 Anecdotes fecretes, pour fervir à l'Hiftoire galante de la Cour de Pékin. *Pékin*, 1746, in 12. v. m.

1626 L'Angélique du fieur de Montagathe. *Paris*, 1626, in 8. m. v.

1627 Les Angoiffes douloureufes qui procedent d'amours, par Madame Helifenne. *Paris*, Denys Janot, 1538, in 8. fig. non relié. Rare.

1628 L'Antiope de Guerin. *Paris*, 1645, 4 vol. in 8. v. f.

1629 Les Apparences Trompeufes, ou les Amours du Duc de Nemours & de la Marquife de Poyanne. 1715, in 12. non relié.

1630 Les Après Soupers de la campagne, ou Recueil d'Hiftoires amufantes. *Paris*, 1759, 2 parties, 1 vol. in 12. v. m.

1631 Arboffede, Hiftoire Angloife. *La Haye*, 1741, 2 tomes, 1 vol. in 12. v. b.

1632 Ariftandre, par J. P. Camus. *Lyon*, 1624, in 12. parch

1633 Ariftandre, ou Hiftoire interrompue. *Paris*, 1664, in 12. br.

1634 Arlequin, Comédien aux champs Elifées, nouvelle hiftorique. *Paris*, 1694, in 12. v. b.

1635 L'Arriere-Ban Amoureux. *Paris*, 1675, in 12. baf.

1636 L'Artemize, Princeffe de Carie. *Paris*, in 8. v. b.

1637 Les Artifices de la Cour , ou les Amours d'Orphée & d'Amaranthe , par de la Serre. *Par.* 1632 , in 12. m. r. -- 1 -- 10

1638 Aurore & Phœbus , Hist. Espagnole. *Paris* , 1733 , in 12. v. f.

1639 Aventures de Don Antonio de Buffalis. *Paris* , 1724 , in 12. v. b.

1640 Les Aventures d'Apollonius de Tyr. *Paris* , 1710 , in 12. v. b.

2

1641 Les Aventures héroïques d'Archidiane & Almoncidas , par de la Motte. *Paris* , 1645 , in 12. v. f. -- 1 -- 4

1642 Aventures des Bals de Bois. 1745 , in 12. bas. -- 2 -- 4

1643 Aventures de M. C. contenant ce qu'il a éprouvé de la cruauté de l'Inquisition. *Utrecht* , 1724 , in 12. v. f. -- 3 -- "

1644 Aventures de Flores & de Blanche-Fleur. *Paris* , 1735 , 2 vol. in 12. v. f. -- 1 -- 18

1645 Les Aventures fortunées. *Paris* , 1638 , in 8. v. f. -- 1 -- 6

1646 Diverses Aventures de France & d'Espagne. *Paris* , 1707 , in 12. v. b. -- 1 -- "

1647 Les Aventures de l'infortuné Florentin. *Amsterdam* , 1730 , 2 vol. in 12. fig. v. f. -- 3 -- 15

1648 Les Aventures d'Ircandre & Sophonie , par Humbert , in 8. m. b. manque le frontispice. -- 1 -- 2

1649 Les Aventures du Prince Jakaya , ou le Triomphe de l'amour sur l'ambition. *Par.* 1732 , 2 v. in 12. v. b.

1650 Les Aventures de Jules César & de Murcie dans les Gaules. *Paris* , 1695 , in 12. v. b.

1 -- "

1651 Les Aventures guerrieres & amoureuses de Licide , par de Dourlens. *Paris* , 1624 , in 8. v. f. -- 1 -- "

1652 Aventures de Don Ramire de Roxas , & de Dona Leonor de Mendoce. *Paris* , 1737 , in 12. v m. -- 1 -- 18

1653 Les Aventures héroïques du Comte Raymond de Toulouse , & Don Roderic de Vivar , par Loubaissin-de la Marque. *Paris* , 1619 , in 8. parch. -- 1 -- "

1654 Les Aventures de Rhodante & de Dosicles , trad. par de Beauchamps , 1746 , in 12 br.

1655 Les Aventures Satyriques de Florinde , habitant de la basse région de la lune. 1625 , in 12. v. b.

2 -- 19

1656 Aventures secretes. *Paris* , 1697 , in 12. v. b.

1657 Aventures de la Comtesse de Strasbourg & de sa Fille. *Amsterdam* , 1718 , in 12. v. b.

1 -- "

1658 Aventures d'Ulysse dans l'Isle Dæa. *Paris* , 1752 , in 12. v. m. -- 1 -- 9

1659 Les Aventures de Télémaque , fils d'Ulysse , par 429 -- 19

François de Salignac la Mothe Fenelon, enrichie de figures en taille douce. *Amsterdam*, 1734, in fol. m. r. premiere Edition.

1660 Le Télémaque travesti, par M. de Marivaux. *Amsterdam*, 1736, 4 vol. in 12 br.

1661 Les Aventures galantes du Chevalier de Thémicour. *Paris*, 1701, in 12. v. b.

1662 Les Aventures du Voyageur Aërien. *Paris*, 1724, in 12. v. f.

1663 Fin des Aventures fortunées d'Ypsilis & Alixée, par des Escuteaux. *Poitiers*, 1623, in 12. v. b.

1664 Les Aventures de Zéloïde & d'Hamanzarifdine, Contes Indiens. *Paris*, 1715, in 12. v. b.

1665 L'Aventurier Buscon, Histoire facétieuse, trad. de Dom Francisco de Quevedo. *Paris*, 1644, in 8. v. f.

1666 Axiamire, ou le Roman Chinois. *Paris*, 1675, 2 vol. in 12. v. b.

1667 Le Bal de Venise, Nouvelle historique. *Avignon*, 1751, in 12. v. m.

1668 La Beauté triomphante, histoire galante. 1720, in 12. v. b.

1669 Les beaux jours de la Haye. *Londres*, 1709, in 12.

1670 Le bel Amour, ou les Soupirs de l'Epouse. *Paris*, in 12. bas.

1671 Bélisaire, ou le Conquérant, par de Grenaille. *Par.* 1643, in 8. v. f.

1672 La Bellaure triomphante, par G. du Broquart. *Paris*, 1630, 2 vol. in 8 m. r.

1673 Les belles Grecques, ou l'Histoire des plus fameuses Courtisannes de la Grece. *Paris*, 1712, in 12. fig. v. b.

1674 Beralde, Prince de Savoye. *Paris*, 1672, 2 vol. in 12. bas.

1675 La Bergere amoureuse, par du Verdier. *Paris*, 1621, in 8. v. f.

1676 La Bergere de la Palestine, par G. de Bazire. *Paris*, 1601, in 12. m. bl.

1677 Le Billet perdu, ou l'Intrigue découverte, histoire galante. *Cologne*, 1711, in 12. v. b.

1678 Le Bocage d'Amour. *Paris*, 1624, in 12. parch.

1679 Bok & Zulba, histoire allégorique. 2 tom. en 1 vol. in 12. v. m.

1680 Bouquet d'Histoires agréables, par J. P. Camus. *Rouen*, 1639, in 8. parch.

1 - 5 - 1667. Double.

1681 La Bouſſole des Amans. *Paris*, 1668, in 12. br.
1682 Le Caloandre fidele, trad. de l'Italien d'Ambroſio Marini. *Amſterdam*, 1740, 3 vol. in 12. v. m.
1683 La Camille de Pierre Boton. *Paris*, 1573, in 8. baſ.
1684 Le Capitan. *Paris*, 1637, in 12. v. f.
1685 Les Caprices de l'Amour. *Lyon*, 1681, 2 vol. in 12. baſ.
1686 Les Caprices de l'Oiſiveté & de l'Amour. *Par.* 1665, in 12. v. b.
1687 Les Caprices du Deſtin. *Paris*, 1718, in 12. v. b.
1688 Les Caprices héroïques du Loredano. *Paris*, 1644, in 8. baſ.
1689 Caritée, ou la Cyprienne amoureuſe. *Toulouſe*, 1621, in 8. v. b.
1690 Carmantiere, ou les Engagemens rompus par l'Amour. *Amſterdam*, 1754, in 12. v. m.
1691 Caſſandre, Roman. *Paris*, 1752, 3 vol. in 12. br.
1692 La Cefalie, par du Bail. *Paris*, 1637, in 8. v. f.
1693 Le Cabinet hiſtorique, par J. P. Camus. *Paris*, 1668, in 8. parch.
1694 Célanire. *Paris*, 1671, in 12. v. b.
1695 La Céleſtine, par Jacques de Lavardin. *Paris*, 1578, in 12. parch. Rare.
1696 La Céleſtine, ou Hiſtoire tragi-comique de Caliſté & de Mélibée, trad. de l'eſp. de Fernam Rojas. *Rouen*, 1634, in 8. v. f.
1697 Céſar Aveugle & Voyageur. *Londres*, 1740, in 12.
1698 Les chaſtes Amours, enſemble les Chanſons d'Amour de N. Renaud. *Paris*, 1565, in 4. br.
1699 Les chaſtes & délectables Jardins d'amour, par Ollenix du Mont Sacré. *Paris*, 1609, in 12. v. b.
1700 Chaſteté invincible, Bergerie en proſe. *Paris*, 1633, in 8. parch.
1701 Le Chevalier Hypocondriaque. in 8. v. f. manque le frontiſpice.
1702 La Chiaramonte, ſes Adventures & l'heureux ſuccès de ſes affections. in 12. v. f.
1703 Le Chien de Boulogne, ou l'Amant fidele, Nouvelle galante. *Paris*, 1668, in 12. v. b.
1704 La Circé de J. B. Gelli, trad. en françois. *Paris*, 1681, in 12. v. b.
1705 La Chryſolite, ou le ſecret des Romans, par Mareſchal. *Paris*, 1627, in 8. v. b.
1706 La Clef des cœurs. *Paris*, 1676, in 12. baſ.

1707 Cléobuline, ou la Veuve inconnue. *Paris*, 1658, in 8. v. b.

1708 Cléodamis & Lélex, ou l'illustre Esclave. *La Haye*, 1746, in 12. parch.

1709 Climandor, ou l'Histoire des Princes. *Paris*, 1628, in 8. v. f.

1710 La Clorymene de Marcassus. *Paris*, 1626, 2 vol. in 8. v. f.

1711 Le Cocq, ou Mémoires du Chevalier de V * * *. *Amsterdam*, 1742, in 12. br.

1712 Le Combat de l'Amour & de la Fierté. *Par.* 1666, in 12. v b.

1713 Le Comte d'Amboise. *Paris*, 1689, 2 vol. in 12. v. b.

1714 Le Comte de Dunois. *Paris*, 1671, in 12. v. b.

1715 Le Comte Roger, Souverain de la Calabre ultérieure, Nouvelle historique. *Lyon*, 1696, in 12. bas.

1716 Le Comte de Tiliedate. *Paris*, 1703, in 12. v. b.

1717 Le Comte d'Ulfeld, Grand Maître de Danemarck, Nouvelle historique, par Rousseau de la Valette. *Paris*, 1678, in 12. v. f.

1718 La Comtesse dé Mortane. *Paris*, 1699, 2 vol. in 12. v. b.

1719 Les Confidences réciproques. *Ber-gop-Zoom*, 1747, 2 tom. en 1 vol. in 12. v. f.

1720 Conformité des destinées, & Axiamire, ou la Princesse infortunée, Nouvelles historiques. *Bruxelles*, 1736, in 12. v. f.

1721 La Connoissance du monde, Voyages Orientaux, Nouvelles historiques. *Paris*, 1695, in 12. v. b.

1722 La Constance d'Amour, par de Favoral. *Par.* 1611, in 12. br.

1723 La constante Amarillis de Christ. Suarez de Figueroa, trad. en franç. par Parisien. *Lyon*, 1614, in 8. v. m.

1724 Cinq Contes des Fées. 1745, in 12. v. m.

1725 Contes du Serrail, trad. du turc. *La Haye*, 1753, in 12. br.

1726 La Cour d'Amour, ou les Bergers galans, par du Perret. *Paris*, 1667, 2 vol. in 8. v. b.

1727 Le Coureur de nuit, ou les neuf Aventures du Chevalier Dom Diego. *Amsterdam*, 1731, in 12. v. f.

1728 Le Courier d'Amour. *Paris*, 1679, in 12. bas.

1729 Le Courier dévalisé, par Spironcini. *Villefranche*, 1644, in 12. v. m.

1730

1730 La Courtisane déchiffrée. *Paris*, 1642, in 8. parc.
1731 La Courtisane solitaire, par J. Lourdelot. *Lyon*, 1622, in 8. v. f.   2 -- 6 ..

1732 Les Courtisans généreux, par du Bail. *Paris*, 1637, in 8. v. b.   - 1 -- " ..

1733 Crémentine, Reine de Sanga, Histoire Indienne, par Madame de Gomez. *Paris*, 1728, 2 vol. in 12. fig. v. f.   - 3 -- 2 ..

1734 Cupidon dans le bain, ou les Aventures amoureuses des personnes de qualité. *La Haye*, 1698, in 12. v. b. - - 2 -- 19 ..

1735 Le Curieux impertinent, trad. par Baudouin. *Paris*, 1608, in 12. m. r.   - 1 -- 17 ..

1736 Les Dames dans leur naturel, ou la Galanterie sans façon. *Cologne*, 1686, in 12. v. b.   - 3 -- 2 ..

1737 Les Décades historiques de J. P. Camus. *Rouen*, 1642, in 8. parch.   - 1 -- " ..

1738 Les délices de la Vie pastorale de l'Arcadie, trad. en françois de Lopez de Véga. *Lyon*, 1624, in 8. v. b.   - 1 -- " ..

1739 Le Démocare sanglant, où sont les Tombeaux des plus parfaits Amants de France, par Livet. *Lyon*, 1623, in 12. br.   1 -- " ..

1740 Le Démon & la Démone mariés. *Rotterdam*, 1705, in 12. baf.   - 1 -- " ..

1741 Dernieres Œuvres de Mademoiselle la Roche-Guilhen, contenant plusieurs Histoires galantes. *Amsterd.* 1708, in 12. v. f.   - 1 -- 12 ..

1742 Désespoirs amoureux, par Colletet. *Paris*, 1622, in 12. parch.
1743 Les Désordres de la Bassette, Histoire galante. *Lyon*, 1682, in 12. v. b.   1 -- 4 ..
1744 Les deux Cousines, ou le Mariage du Chevalier d'E***. *Constantinople*, 1743, in 12. v. f.

1745 Les deux Déesses, par Montagathe. *Paris*, 1625, in 8. v. m.   - 1 -- 5 ..

1746 Le Diable babillard ou indiscret. *Cologne*, 1711, in 12. v. b.   - 1 -- 9 ..

1747 Le Diable Hermite, ou Aventures d'Astaroth, banni des Enfers. *Amsterdam*, 1741, in 12. v. f.   - 3 -- 2 ..

1748 La Diane des bois, par le sieur de Préfontaine. *Rouen*, 1632, in 8. v. f.   - 1 -- 10 ..

1749 La Diane déguisée, par de Lansire. *Paris*, 1647, in 8. v. b.   1 -- 18 ..

M

1750 La Diane Françoise, de du Verdier. *Paris*, 1624, in 8. m. r.

1751 Dinias & Dercillide, Fragment, trad. du grec d'Antonius Diogenes. 1745, in 12. br.

1752 Discours du Songe de Poliphile, trad. en françois. *Paris*, 1561, in fol. m. v.

1753 Diverses Affections de Minerve, par Daudiguier. *Paris*, 1625, in 8. v. b.

1754 Les diverses Amours du sieur de Brethencourt. *Rouen*, 1629, in 12. v. f.

1755 Les Divertissemens de D. M. D. B. *Caen*, 1673, in 12. v. b.

1756 Les Divertissemens de Forges, Nouvelle. *Paris*, 1667, in 12. parch.

1757 Les Divertissemens de Seaux. *Trévoux*, 1712, 2 vol. in 12. v. b.

1758 Divertissement historique, par J. P. Camus. *Rouen*, 1640, in 8. parch.

1759 Dom Amador de Cardone, histoire Espagnole. *Par.* 1677, in 12. v. b.

1760 Dom Juan d'Autriche, Nouvelle historique. *Paris*, 1678, in 12. baf.

1761 Le Dorisandre du sieur Viard. *Paris*, 1630, in 12.

1762 La Duchesse de Medo, Nouvelle histor. & galante. *Paris*, 1692, 2 tom. en 1 vol. in 12. v. b.

1763 Le Duel de Tithamante, Histoire Gascone par Jean d'Intras. *Paris*, 1609, in 12. br.

1764 L'Ecole des Maris jaloux. *Neuchatel*, 1698, in 12. b.

1765 Edouard, Histoire d'Angleterre. *Paris*, 1696, 2 vol. in 12. v. b.

1766 L'Endymion de Gombauld. *Paris*, 1626, in 8. v. f.

1767 L'Entretien des illustres Bergers, par N. Frenicle. *Paris*, 1634, 2 vol. in 8. v. f.

1768 Les Entretiens historiques de J. P. Camus. *Paris*, 1639, in 8. parch.

1769 Erafte, Nouvelle où sont décrites plusieurs Aventures amoureuses. *Paris*, 1664, in 12. v. f.

1770 L'Eromene, Roman. *Paris*, 1633, in 4. v. f.

1771 Les Esclaves, ou l'Histoire de Perse, par du Verdier. *Paris*, 1628, in 8. v. f.

1772 L'Etourdie, ou Histoire de Miss Betsy Tatless. *Paris*, 1754, 2 vol. in 12. v. m.

1773 Les étranges Aventures de Lycidas & de Cléorithe,
    par Bafire. *Rouen*, 1630, in 12. parc.

1774 Evandre & Fulvie, Histoire tragique. *La Haye*,
    1728, in 12. v. f.

1775 Les Evénemens finguliers de J. P. Camus. *Paris*,
    1660, in 8. v. b.

1776 Eugene, Histoire Grenadine, par le même. *Paris*,
    1623, in 12. br.

1777 L'Exil de Polexandre & d'Ericlée, par de Gomber-
    ville. *Paris*, 1619, in 8. v. f.

1778 Fables ou Histoires allégoriques, par Madame de
    Villedieu. *Paris*, 1670, in 12. v. b.

1779 Les facétieuses Journées, contenant cent Nouvelles,
    la plufpart advenues de notre temps. *Paris*, 1584,
    in 8. v. f.

1780 Le Fameux Chinois, par du Bail. *Paris*, 1642,
    in 8. v. f.

1781 Fantaisies amoureuses, où font décrites les amours
    d'Alerio & Mariane. *Rouen*, 1601, in 12. m. viol.

1782 Le faux Oracle & l'illufion d'un inftant, Anecdotes.
    Amfterdam, 1752, in 12. br.

1783 Les Femmes, ou Lettres du Chevalier de K ***.
    La Haye, 1754, in 12. v. m.

1784 Féraddin & Rozéide, Conte moral, politique & mili-
    taire. *Gaznah*, 1765, 3 part. 1 vol. in 12. br.

1785 La Fiamette amoureufe de J. Boccace, trad. en fran-
    çois. in 16. v. f.

1786 La Fidélité couronnée, ou l'Histoire de Parmenide.
    Bruxelles, 1706, in 12. v. f.

1787 La Fille fuppofée, par du Bail. *Paris*, 1639, in 8.
    m. r.

1788 Flaminio & Colman, deux miroirs, l'un de la fidé-
    lité, l'autre de l'infidélité des domeftiques. *Lyon*, 1626,
    in 12. parch.

1789 La Floride, par du Verdier, 2 vol. in 8. v. f.

1790 Floridor & Doris, Histoire véritable, par du Bail.
    Paris, 1633, in 8. v. f.

1791 Florigénie, ou l'illuftre Victorieufe, par de la Motte
    du Broquart. *Paris*, 1647, in 12. v. f.

1792 Florine, ou la belle Italienne, nouveau Conte des
    Fées. *Paris*, 1713, in 12. v. b.

1793 La Foire de Beaucaire, nouvelle hiftorique & galante.
    Amfterdam, 1709, in 12. v. b.

1 - 4   1794 La Folette, ou le Rhume, Histoire bourgeoise, par l'Affichard. *Paris*, 1733, in 12. v. f.

          1795 Folie de la prudence humaine, par Madame Benoist. *Paris*, 1771, in 12. br.

1 - 17   1796 La Force de l'Exemple, par de Bibiena. *La Haye*, 1748, in 12. v. f.

          1797 La Fortune, Histoire critique. 1751, in 12. br.

2 - "   1798 Le Fortuné Florentin, par le Marquis d'Argens. *La Haye*, 1737, in 12. v. f.

1 - 9   1799 Les Fortunes d'Alminte, par des Escuteaux. *Saumur*, 1623, in 12. v. f.

1 - 10   1800 Les Fortunes diverses de Chrysomire & de Kalinde, où sont représentées les Intrigues de la Cour. *Paris*, 1635, in 8. parch.

1 - 10   1801 Le Fourbe Puni, ou le Duel des Rivales. 1740, in 12. br.

1 - 8   1802 Funestine, Roman. in 12. v. m.

1 - 16   1803 Les Galanteries Angloises, Nouvelles historiques. *La Haye*, 1700, in 12. v. b.

2 - 8   1804 Les Galanteries de la Cour, par du Bail. *Paris*, 1644, 2 vol. in 8. v. m.

3 - 12   1805 Le Gascon Extravagant. *Paris*, 1637, in 8. m. v.

          1806 Gaudriole, Conte. *La Haye*, 1746, in 12. br.

2 - 18   1807 Le Génie Ombre, Conte. *Chimerie*, 1746, in 12. v. m.

          1808 Giphantie. 1760, in 12. v. m.

5 - 2   1809 Gomgam, ou l'Homme Prodigieux transporté dans l'air, sur la terre & sous les eaux. *Paris*, 1713, 2 vol. in 12. v. b.

          1810 Le grand Hippomene. *Paris*, 1668, in 12. v. b.

          1811 Le grand Sophi, nouvelle allégorique, par Prechac. *Lyon*, 1685, in 12. baf.

1 - 16   1812 Grigri, Histoire véritable. *Naganzaki*, 1749, in 12. v. m.

          1813 Le Gris de Lin, Histoire galante, par Prechac. *Paris*, 1680, in 12. v. b.

2 - 18   1814 Griselidis nouvelle, avec le Conte de Peau d'Asne. *Paris*, 1695, in 12. non relié.

          1815 Le Guerrier philosophe. *La Haye*, 1744, 2 vol. in 12. v. m

1 - 8   1816 Gulistan, ou l'Empire des Roses, in 12. v. f.

1 - 19   1817 Gustave Vasa, Histoire de Suede. *Paris*, 1698, 2 vol. in 12. v. b.

1818 La Haine & l'Amour d'Arnoul & de Clairemonde. *Paris*, 1627, in 8. v. b.

1819 Haltige, ou les Amours du Roi de Tamaran, Nouvelle, par S. Bremont. *Cologne*, 1676, in 12. baf.

1820 Henriette de Marconne, ou Mémoires du Chevalier de Préfac. *Amfterdam*, 1763, in 12. v. m. — 1 .. 2 ..

1821 Hermiogene. *Paris*, 1648, 2 vol. in 8. v. f. — — 3 — 3 ..

1822 L'Heure du Berger, par C. le Petit. *Paris*, 1662, in 12. v. b. — 1 — 10 —

1823 L'heureux Chanoine de Rome, Nouvelle galante, ou la Réfurrection prédeftinée. 1707, in 12. v. b. — 2 — 8 ..

1824 L'heureux Infortuné, Hiftoire arabe. *Paris*, 1722, in 12. v. m. — 1 — 8 ..

1825 L'heureux Page, Nouvelle galante. *Cologne*, 1691, in 12. v. f. — 1 — 10

1826 L'heureux Retour. *Lond.* 1747, in 12. v. m.

1827 Hipalque, Prince Scythe, Hiftoire merveilleufe, *Paris*, 1727, in 12. v. f. — 2 — 13 —

1828 Hiftoire abrégée du Chevalier de la Plume noire. *Amfterdam*, 1744, in 12. br. — 2 — 9

1829 L'Hiftoire Afriquaine de Cléomede & de Sophonisbe, par de Gerzan. *Paris*, 1627, 3 vol. in 8. v. b. — 4 — 19

1830 Hiftoire Afriquaine de la divifion de l'Empire des Arabes, par Birago Avogadro. *Paris*, 1666, in 12. v. m. — 1 — 19 —

1831 Hiftoire d'Alburcide, Nouvelle arabe. *La Haye*, 1736, in 12. v. m.

1832 Hiftoire d'Amenophis, Prince de Libye. *Par.* 1728, in 12. v. f. — 1 — 4 —

1833 Hiftoire des Amours de Chereas & de Callirhoé, trad. du grec. *Paris*, 1763, 2 tom. en 1 vol. in 12. v. m. — 2 — 10 ..

1834 Hiftoire des Amours de Henri IV, avec diverfes Lettres écrites à fes Maîtreffes. *Leyde*, 1664, in 12. v. b.

1835 Hiftoire des Amours du Maréchal Duc de Luxembourg. *Cologne*, 1695, in 12. v. b. — 1 — 16 ..

1836 Hiftoire des Amours de Poliphile & de Damis. *Par.* 1602, in 12. v. m. — 2 — 2 ..

1837 Hiftoire des amoureufes Deftinées de Lyfimont & de Clitye, par Pierre de Deimier. *Paris*, 1608, in 12. parc.

1838 Hiftoire d'Arnalte & Lucenda. *Lyon*, 1570, in 16. — 1 — 14

1839 Hiftoires & Aventures. 1744, in 12. baf.

1840 Hiftoire d'Aurelio & Ifabelle, en italien & en franç. *Paris*, 1581, in 16. v. f. — 1 — 10

1841 Hiftoire de Bertholde. *La Haye*, 1752, in 12. v. m. — 1 — 7 —

1842 Hiſtoire de Celimaure & de Feliſmene. *Par.* 1665, 2 vol. in 8. v. f.

1843 Hiſtoire de Cerinthe, de Calianthe & d'Artenice, par de Gerzan. *Paris*, 1634, in 8. v. f.

1844 Hiſtoire du Chevalier des Grieux & de Manon l'Eſcaut, par l'Abbé Prevoſt. *Amſterdam*, 1753, 2 vol. in 12. v. m.

1845 Hiſtoire comique, ou les Aventures de Fortunatus. *Lyon*, 1655, in 8. br.

1846 Hiſtoire du Comte de Genevois & de Mademoiſelle d'Anjou. *Lyon*, 1680, in 12. v. f.

1847 Hiſtoire du Comte de Valcourt. *Utrecht*, 1739, in 12. br.

1848 Hiſtoire de la Comteſſe de Savoye. 1726, in 12. v. f.

1849 Hiſtoire de Don Domingo de la Terra, Nouvelle eſpagnole. *Amſterdam*, 1709, in 12. v. m.

1850 Hiſtoires facétieuſes & morales. *Leyde*, 1669, in 12. m. r.

1851 Hiſtoire du grand & véritable Chevalier de Caiſſant. *Paris*, 1714, in 12. v. b.

1852 Hiſtoire de Jean-Michel de Cigala, Prince du Sang Impérial des Ottomans. *Paris*, 1668, in 12. baſ.

1853 Hiſtoire d'Iris & de Dafnis, Nouvelle. *Paris*, 1666, in 12. v. b.

1854 Hiſtoire de Moncade. *Paris*, 1736, 2 vol. in 12. v. f.

1855 Hiſtoires morales & divertiſſantes, par Emmanuel d'Aranda. *Leyde*, 1671, in 16. v. f.

1856 Hiſtoire negrepontique, contenant la Vie & les Amours d'Alexandre Caſtriot, par J. Baudoin. *Paris*, 1631, in 8. v. b.

1857 Hiſtoires nouvelles & Mémoires ramaſſés. *Londres*, 1745, in 12. v. m.

1858 L'Hiſtoire des penſées, ou les Amours de Marc Antoine. *Paris*, 1673, in 12. v. b.

1859 Hiſtoires plaiſantes & ingénieuſes. *Paris*, 1673, in 8. v. b.

1860 Hiſtoire de Poliarque & d'Argenis, par N. Coeffeteau. *Paris*, 1624, in 16. parch.

1861 Hiſtoire politique & amoureuſe du Cardinal Louis Portocarrero, Archevêque de Toiede. 1710, in 12. v. m.

1862 Hiſtoire du Prince Charles & de l'Impératrice douairiere. *Cologne*, 1676, in 12. v. m.

1863 Hiſtoire du Prince Titi. *Paris*, 1752, 3 vol. in 12. v. m.

1864 Hiftoire de la Princeffe de Montferrat. *Lond.* 1749,
    in 12. br.

1865 Hiftoire fecrete du Connétable de Lune. *Amfterd.*
    1730, in 12. v. b.

1866 Hiftoire fecrete de la Reine Elifabeth & du Comte
    d'Effex, Nouvelle. *Cologne,* 1680, in 12. en anglois.

1867 Hiftoire fecrete de la Reine Zarah, ou la Ducheffe
    de Marlborough démafquée. *Oxford,* 1712, in 12. v. f.

1868 Hiftoire de la Vie de Tiel Wlefpiegle. *Amfterdam,*
    1703, in 12. v. f.

1869 Jacqueline de Baviere, Comteffe de Hainault, par
    Mademoifelle la Roche-Guilhen. *Amfterdam,* 1707,
    in 12. br.

1870 Ildegerte, Reine de Norwege, ou l'Amour magna-
    nime. *Paris,* 1694, 2 part. en 1 vol. in 12. v. b.

1871 Il faut tenir fa parole, Nouvelle hébraïque. *Amft.*
    1688, in 12. non relié.

1872 L'illuftre Amalazonte, par Desfontaines. *Paris,*
    1645, in 8. parch.

1873 Les illuftres Aventures, par Pierre de Deimier. *Lyon,*
    1603, in 12. parch.

1874 Les illuftres Aventurieres. *Cologne,* 1706, in 12. b.

1875 Les illuftres infortunés, ou les Aventures galantes
    des plus grands Héros de l'antiquité. *Cologne,* 1695,
    in 12. v. b.

1876 L'illuftre Parifienne, Hiftoire galante. *Par.* 1698,
    in 12. v. b.

1877 Imitation du Roman grec de Théodore Prodromus,
    par de Beauchamps. 1746, in 12. br.

1878 L'Incefte innocent, Hiftoire véritable, par Desfon-
    taines. *Paris,* 1644, in 8. v. f.

1879 Inès de Cordoue, Nouvelle. *Paris,* 1696, in 12. v. b.

1880 Les Intrigues amoureufes de M * * *, de M * * * &
    de Madame * * * fon époufe (MM. Guerin, Moliere &
    Madame Moliere). *Dombes,* 1690, in 12. v. b.

1881 Intrigues galantes de la Cour de France depuis le
    commencement de la Monarchie jufqu'à préfent. *Colog.*
    1695, 2 part. en 1 vol. in 8. v. b.

1882 Iphis & Aglaé. *Paris,* 1768, 2 vol. in 12. b.

1883 Ifmael Prince de Maroc, Nouvelle hiftorique. *Pa-
    ris,* 1698, in 12. v. b

1884 Kara Muftapha & Bafch-Lavi. *Amfterdam,* 1750,
    in 12. v. m.

1885 La Karifmene agitée. *Paris*, 1635, in 8. v. b.

1886 La Laideur aimable, ou les Dangers de la beauté. *Paris*, 1752, 2 part. 1 vol. in 12. m. bl.

1887 Les Leçons exemplaires, par J. P. Camus. *Paris*, 1632, in 8. baf.

1888 Lettres amoureufes de la Dame Lefcombat & du fieur Mongeot, ou l'Hift. de leurs criminels amours. *Paris*, 1755, in 12. br.

1889 Lettre à Madame ***. contenant deux Hiftoires françoifes. *La Haye*, 1739, in 12. v. m.

1890 Les Libertins en campagne. 1710, in 12. v. b.

1891 Lilia, ou Hiftoire de Carthage. *Amfterdam*, 1736. in 12. v. m.

1892 Le Lit d'honneur de Chariclée, par Jean d'Intras. *Paris*, 1609, in 12. non relié.

1893 La Logique des Amans, ou l'Amour Logicien, par de Caillieres. *Paris*, 1668, in 12. baf.

1894 Le Lord Impromptu, nouvelle Romanefque, traduite de l'Anglois. *Amfterdam*, 1767, 2 part. in 12. baf.

1895 Lyfigerafte, ou les Dédains de Lyfide, par M. Turpin. *Paris*, 1629, in 8. m. r.

1896 Macarife, ou la Reine des Ifles fortunées, par l'Abbé d'Aubignac. *Paris*, 1664, 2 vol. in 8. v. b.

1897 Les Maîtres d'Hôtel aux Halles; le Chevalier grotefque, & l'Apotiquaire empoifonné, nouvelles comiques. *Paris*, 1670, in 12. baf.

1898 La Mariane du Filomene. *Paris*, 1596, in 12. v. f.

1899 Le Marquis de Chavigny, par Edme Bourfault. *Paris*, 1675, in 12. v. f.

1900 Mathilde. *Paris*, 1667, in 8. v. b.

1901 Le Melante, par Videl. *Paris*, in 8. v. b.

1902 Melchu-Kina, ou Anecdotes fecretes & hiftoriques. *Amfterdam*, 1736, in 12. v. f.

1903 Melicello, defcouvrant au récit de fes amours mal fortuués, la fidélité abufée de l'ingratitude, par Jean Mangin. *Paris*, 1556, in 8 v. f. très rare.

1904 Mémoires anecdotes pour fervir à l'Hiftoire de M. Duliz. *Londres*, 1739, in 12. v. f.

1905 Mémoires & Aventures du Comte de Kermalec. *La Haye*, 1742, in 12. v. f.

1906 Mémoires de Madame de Barneveldt. *Paris*, 1732, 2 vol. in 12. v. f.

1907 Mémoires de la Baronne de Saint-Clair. *La Haye*, 1753, in 12. v. m.

1908

1908 Mémoires de Mademoiselle de Bonneval. *Amſterd.* 1738, in 12. v. m. — 1 -- 19

1909 Mémoires du Chevalier Haſard. *Cologne*, 1703, in 12. baſ. — 1 --

1910 Mémoires du Comte de Vaxere, ou le faux Rabin, par le Marquis d'Argens. *Amſterdam*, 1737, in 12. baſ.

1911 Mémoires de la Comteſſe d'Horneville, par Simon. *Amſterdam*, 1739, 2 vol. in 12. v. f. } 2 -- 15

1912 Mémoires de la Cour d'Angleterre, par Madame Daulnoy. *Paris*, 1695, 2 vol. in 12. v. b. — 1 -- 4

1913 Mémoires galans, par Bremond. *Amſterdam*, 1680, in 12. non relié.

1914 Mémoires de Gaudence de Lucques, priſonnier de l'Inquiſition. *Amſterdam*, 1753, 2 vol. in 12. v. m. } 4 -- 8

1915 Mémoires de Pierre-François Prodez, Marquis d'Almacheu. *Amſterdam*, 1677, in 12. v. b.

1916 Mémoires pour ſervir à l'Hiſtoire de l'Eſprit & du Cœur, par le Marquis d'Argens. *La Haye*, 1745, 2 tom. en 1 vol. in 12. v. m. } 1 -- 11 -

1917 Mémoires de Verſoran. *Amſterdam*, 2 vol. in 12. v. m. — 3

1918 Le Mendiant boiteux, ou les Aventures d'Ambroiſe Gwinett, balayeur du pavé de Spring-Garden, par Caſtilhon. *Bouillon*, 1771, in 8. br. — 2 -- 15

1919 Le Mentor Cavalier, par le Marquis d'Argens. *Londres*, 1736, in 12. v. m. — 1 -- 5

1920 La Métamorphoſe du Vertueux, par J. Baudoin. *Paris*, 1611, in 8. baſ.

1921 Les Métamorphoſes françoiſes, par Regnault. *Paris*, 1641, in 12. parch. } 1 -- 17 -

1922 Les mille Imaginations de Cypille, ſuite des Aventures amoureuſes de Polydore. *Paris*, 1609, in 12. v. f.

1923 Les mille & une Nuit, Contes arabes, par Galland. *Paris*, 1726, 6 vol. in 12. v. f. — 7 -- 16

1924 Les mille & une Heure, Contes péruviens. *Paris*, 1734, 2 vol. in 12. fig. v. m. — 3 -- 15

1925 Les mille & un Quart d'heure, Contes tartares. *Paris*, 1730, 3 vol. in 12. fig. v. f. — 3

1926 Mirima, Impératrice du Japon. *La Haye*, 1745, in 12. br. — 1 -- 1

1927 Le Miroir, ou la Métamorphoſe d'Orante. *Paris*, 1661, in 12. parch. — 1 -- 10

1928 Mirza & Fatmé, Conte indien, trad. de l'arabe. *La Haye*, 1754, in 12. br. — 1 -- 5

1929 Mital, ou Aventures incroyables. *Paris*, 1708;
in 12. v. b.

1930 Mitra, ou la Démone mariée. 1745, in 12. v. m.

1931 Mithridate. *Paris*, 1651, 3 vol. in 8. v. b.

1932 Mizirida, Princesse de Firando. *Paris*, 1738, 3 vol.
in 12. v. f.

1933 Moliere, Comédien aux Champs Elisées, Nouvelle
historique. *Lyon*, 1694, in 12. v. b.

1934 La Mort de l'Amour, par Prudent Gauthier. *Paris*,
1616, in 12. parch.

1935 La Mouche, ou les Aventures de Bigand, par de
Mouhy. *Paris*, 1736, 2 vol. in 12. v. b.

1936 La Narquoise Justine. *Paris*, 1636, in 8. m. bl.

1937 Nicandre, premiere Nouvelle de l'Inconnu. *Paris*,
1672, in 12. v. b.

1938 La noble Vénitienne, ou la Bassette, histoire galante. *Paris*, 1679, in 12. baf.

1939 Le nouveau Protée, ou le Moine aventurier. *Harlem*, 1740, in 12. v. m.

1940 Le nouveau Télémaque, ou Voyages & Aventures
du Comte de *** & de son fils, par l'Abbé Prevost. *La
Haye*, 1741, 3 tom. en 1 vol. in 12. m. r.

1941 Nouveaux Contes des Fées allégoriques. *Amsterdam*,
1736, in 12. v. m.

1942 Nouveaux Contes de Fées. *Amsterdam*, 1745, in 12.

1943 Le Nouvelliste aërien, ou le Silphe amoureux. *Amsterdam*, 1734, in 12. v. f.

1944 La nouvelle Amarante, par de la Haye. *Par.* 1633,
in 8. baf.

1945 La nouvelle Astrée. *Paris*, 1713, in 12. v. b.

1946 La nouvelle Atlantide de François Bacon. *Par.* 1702,
in 12. v. b.

1947 Nouvelle Ecole publique des Finances, ou l'Art de
voler sans ailes. *Cologne*, 1708, in 12. v. b.

1948 La nouvelle Psyché. *Paris*, 1711, in 12. v. b.

1949 La nouvelle Talestris, histoire galante. *Amsterdam*,
1700, in 12. v. b.

1950 Les nouvelles Françoises, ou les Divertissemens de
la Princesse Aurelie, par Segrais. *Paris*, 1657, 2 vol.
in 8. v. f.

1951 Nouvelles de la Reine d'Angleterre. *Lyon*, 1680;
2 tom. en 1 vol. in 12. v. m.

1952 Le Nymphal Flossolan de J. Bocace, contenant le

Difcours de deux Amans, African & Menfole, trad. en franç. par Ant. Guerein du Creft. *Lyon*, 1556, in 16. v. m. Rare.

1953 La Nymphe folitaire, par du Verdier. *Paris*, in 8. v. m.

1954 Les Obfervations hiftoriques de J. P. Camus. *Rouen*, 1632, in 12. v. f.

1955 Les Occurrences remarquables, par le même. *Rouen*, 1643, in 8. parch.

1956 Œuvres diverfes de Mademoifelle de la Roche-Guilhen, contenant quelques Hiftoires galantes. *Amfterd.* 1711, in 12. v. b.

1957 L'Olympe, ou la Princeffe inconnue, par du Bail. *Paris*, 1635, in 8. v. f.

1958 Olynthie, par Salomon de Priezac. *Paris*, in 8. m. b.

1959 Oronoko, trad. de l'Anglois de Madame Behn. *Amfterdam*, 1745, in 12. v. m.

1960 Le même, par M. de la Place. *Paris*, 1769, in 12.

1961 L'Orphelin infortuné, ou le Portrait du bon Frere. *Paris*, 1660, in 8. v. f.

1962 Le Page difgracié, par Triftan. *Paris*, 1643, 2 v. in 8. v. f.

1963 Le Palais d'Angelie, par de Marzilly. *Paris*, 1622, in 8. v. f.

1964 La Palme de fidélité, par Lancelot. *Lyon*, 1620, in 8. br.

1965 Les Partifans démafqués. *Cologne*, 1709, in 12. v. b.

1966 Le Paffe-partout galant. *Conftantinople*, 1710, in 12. v. b.

1967 La Patte du chat, Conte. 1741, in 12. br.

1968 Le Pelerin étranger, par de Brethencourt. *Rouen*, 1634, in 12. v. m.

1969 Le Pelerin, Nouvelle, par de Bremont. in 12. v. f.

1970 Le Pentagone hiftorique, par J. P. Camus. *Paris*, 1631, in 8. parch.

1971 Periftandre, ou l'illuftre Captif, par Demoreaux. *Paris*, 1642, 2 vol. in 8. v. f.

1972 Le petit Toutou, par de Bibiena. *Amfterdam*, 1746, in 12. v. f.

1973 Le Petrone Allemand, fur les fuites funeftes & tragiques des Intrigues amoureufes de la Cour de Vienne. *Cologne*, 1706, in 12. br.

1974 Pharamond, ou l'Hiftoire de France. *Jouxte la copie*

imprimée à Paris, 1664, 12 vol. in 12. parch. (manque le tome neuvieme.)

1975 Le même. *Paris*, 1753, 4 vol. in 12. b.

1976 Philadelphe, Nouvelle égyptienne, par Girault de Sainville. *Paris*, 1687, in 12. v. b.

1977 La Philomene du sieur Merille. *Paris*, 1630, in 12.

1978 Le Philosophe amoureux, Histoire galante, contenant une dissertation curieuse sur la Vie de Pierre Abailard & celle d'Héloïse. *Au Paraclet*, 1697, in 12. v. b.

1979 Philotecte, ou Voyage instructif & amusant, par Ansart. *Paris*, 1737, in 12. v. m.

1980 Le Phylaxandre du sieur de la Charnays. *Par.* 1625, in 8. v. f.

1981 Pieces galantes, contenant Enguerrant de Marigny, Nouvelle, &c. *Paris*, 1676, in 12. v. b.

1982 La Pierre Philosophale des Dames, ou les Caprices de l'Amour & du Destin, Nouvelle historique, par l'Abbé de Castera. *Paris*, 1723, in 12. v. b.

1983 Pluton Maltotier, Nouvelle galante. *Cologne*, 1708, in 12. v. f.

1984 Poisson Comédien aux Champs Elisées, Nouvelle historique. *Paris*, 1710, 2 vol. in 12. v. f.

19 5 Le Polemire, ou l'illustre Polonois. *Paris*, 1646, in 12. v. f.

1986 Polexandre, par Gomberville. *Paris*, 1645, 10 v. in 8. v. m.

1987 Polydore and Julia, or the Libertine reclaim'd, a Novel. *London*, 1756, in 12. v. m.

1988 Le Portrait funeste, Nouvelle, par Ancelin. *Paris*, 1661, in 12. v. b.

1989 Portrait, ou le véritable caractere de la Coquette. *Paris*, 1685, in 12. v. b.

1990 Le Portrait de la vraie Amante, par Jean d'Intras. *Paris*, 1609, in 12. non relié.

1991 La Poupée, par de Bibiena. *La Haye*, 1747, 2 tom. en 1 vol. in 12. v. f.

1992 La Précieuse, ou le mystere de la ruelle. *Paris*, 1656, 4 vol. in 8. v. f.

1993 Le Prince de Condé. *Paris*, 1675, in 12. v. b.

1995 Le Prince infortuné, ou l'Histoire du Chevalier de Rohan. *Amsterdam*, 1713, in 12. v. b.

1996 Le Prince Turc, Nouvelle historique. *Paris*, 1724, in 12. v. b.

1997 La Princesse Agathonice, ou les différens caracteres de l'Amour. *Paris*, in 12. baf.

1998 La Princesse d'Angleterre, ou la Duchesse Reine.
Paris, 1677, 2 vol. in 12. v. b.

1999 La Princesse de Montferrat, Nouvelle, par S. Bremont. *Amsterdam*, 1676, in 12. v. b.

2000 La Princesse de Phaltzbourg, Nouvelle historique.
Cologne, 1688, in 12. v f.

2001 La Princesse sensible & le Prince Typhon, Conte.
La Haye, 1743, in 8. v. m.

2002 La Promenade de Versailles. *Paris*, 1669, in 8. parc.

2003 Les promenades printanieres. *Paris*, 1586, in 16.
v. m.

2004 Le Puits de la vérité, Histoire gauloise. *Paris*, 1698,
in 12. v. b.

2005 Le quart d'Heure amusant. *Paris*, 1727, in 12. v. m.

2006 Raimond, Comte de Barcelonne, Nouvelle. *Amfterdam*, 1698, in 16. v. f.

2007 Les Récits historiques, ou Histoires divertissantes,
par J. P. Camus. *Paris*, 1643, in 8. v. f.

2008 Récréations morales & galantes. *Cologne*, 1717,
in 12. v. m.

2009 Suite de la nouvelle Cyropédie, ou Réflexions de
Cyrus sur ses Voyages. *Amsterdam*, 1728, in 12. v. b.

2010 La Reine d'Ethiopie, historiette comique. *Paris*,
1670, in 12. v. b.

2011 Relation historique & galante de l'invasion de l'Efpagne par les Maures. *La Haye*, 1699, 2 tom. 1 vol.
in 12. v. b.

2012 Les Rencontres funestes, ou Fortunes infortunées
de notre tems, par J. P. Camus. *Par.* 1644, in 8. parch.

2013 Rethima, ou la belle Géorgienne. *Paris*, 1735,
in 12. m. bl.

2014 Rhamiste & Ozalie, Roman héroïque. *Paris*,
1629, in 12. v. m.

2015 Le Rival encore après la mort, Nouvelle. *Paris*,
1658, in 8. v. b.

2016 La Rivale travestie. *Paris*, 1715; in 12. baf.

2017 Roderic, ou le Démon Marié, nouvelle historique.
Baratropolis, 1745. == Mitra, ou la Démone mariée.
Demonopolis, 1745, in 12. v. m.

2018 Le Roman Bourgeois, par Furetiere. *Nancy*, 1713,
in 12. fig. v. f.

2019 Le Roman de la Cour de Bruxelles. *Spa*, 1628, 2 vol. in 8. v. f.

2020 Le Roman héroïque, par de Logeas. *Paris*, 1632, 2 vol. in 8. v. b.

2021 Le Roman de l'Inconnu. *Paris*, 1634, in 8. v. b.

2022 Le Roman des Lettres, par Ariste. *Paris*, 1667, in 8. v. f.

2023 Le Roman de Melusine. *Paris*, 1637, in 8. v. m.

2024 Le Roman des oiseaux, par Boucher. *Paris*, 1661, in 8. m. r.

2025 Roman Royal, ou Histoires de notre tems, par Piloust. *Paris*, 1621, in 8. v. f.

2026 Le Roman des deux grands royaumes d'Albanie & de Sicile, par du Bail. 2 vol. in 8. m. r.

2027 Le Roman véritable, où sous des noms empruntés, font comprises les Histoires amoureuses de plusieurs personnes de condition. *Paris*, 1645, 2 vol. in 8. v. f.

2028 La Rosalinde imitée de l'Italien. *La Haye*, 1732, 2 vol. in 12. v. f.

2029 Rosimante. *Paris*, 1642, in 8. v. f.

2030 Les Sacrifices amoureux, par du Verdier. *Paris*, 1623, in 8. v. m.

2031 Sapor, Roi de Perse, par du Perret. *Paris*, 1672, 5 vol. in 12. v. b.

2032 Les Saturnales Françoises, Roman comique. *La Haye*, 1737, 2 vol. in 12. v. f.

2033 Le Secret, nouvelles historiques. *Paris*, 1683, in 12.

2034 La Selisandre, par du Bail. *Paris*, 1638, in 8. v. b.

2035 La Semaine amoureuse de Franç. de Moliere. *Paris*, 1620, in 8. v. m.

2036 Semelion, Histoire véritable, in 12. v. m.

2037 Le Seraskier Bacha, nouvelle, contenant ce qui s'est passé au Siége de Bude. *Paris*, 1685, in 12. baf.

2038 Sylvie, Roman. *Londres*, 1743, in 8. v. m.

2039 La Soirée du Labyrinthe. *Paris*, 1732, in 12. v. m.

2040 Les Soirées Bretonnes. *Paris*, 1712, in 12.

2041 Le Solitaire Anglois, ou Aventures merveilleuses de Phi. Quarll. par Dorington. *Par.* 1729, in 12. v. b.

2042 Le Solitaire, nouvelle. *Paris*, 1677, in 12. v. f.

2043 La Solitude amoureuse, par Beaulieu. *Par.* 1634, in 12. v. f.

2044 Les Soupers de Daphné & les Dortoirs de Lacédémone. *Oxfort*, 1740, in 12. v. m.

2045 Spéculations historiques, par J. P. Camus. *Paris*, 1643, in 8. parch.

2046 Les Succès différens, par le même. *Paris*, 1630, in 8. parch.

2047 Le Sultan Misapouf, & la Princesse Grisemine. *Londres*, 1746, in 12. v. f.

2048 Syroës & Mirame, Histoire Persane. *Paris*, 1692, 2 vol. in 12.

2049 Tachmas, Prince de Perse, nouvelle historique. *Paris*, 1676, in 12. v. b.

2050 Tanastès, Conte allégorique, par Mademoiselle de ***. *La Haye*, 1745, in 12. v. f.

2051 Les Tapisseries historiques, par J. P. Camus. *Paris*, 1644, in 8. parch.

2052 Le Temple des Sacrifices, par du Verdier. *Paris*, 1620, in 8. v. f.

2053 Le Temple de Gnide, par M. de Montesquieu. *Paris*, 1725, in 12. v. f.

2054 Les Têtes Folles. *Paris*, 1753, in 12. br.

2055 Thérésa, Histoire Italienne. *La Haye*, 1745, 2 part. 1 vol. in 12. v. m.

2056 Thoms Kenbrook, Hist. Angloise. *Londres*, 1754, in 12. v. m.

2057 Tideric, Prince de Galles, nouvelle historique. *Paris*, 1677, in 12. m. r.

2058 Le Timandre de Marcassus. *Paris*, in 8. parch.

2059 La Toilette galante de l'Amour. *Paris*, 1670, in 12. parch.

2060 Le Tombeau Philosophique, ou Histoire du Marquis de ***. *Amsterdam*, 1751, in 12. v. m.

2061 La Tour des Miroirs, par J. P. Camus. *Paris*, 1631, in 8. parch.

2062 Trapue, Reine des Topinamboux, ou la Maîtresse Femme, Conte. *Paris*, 1771, in 12. br.

2063 Les Travaux d'Aristée & d'Amarile dans Salamine, trad. en françois, par Melidor. *Caen*, 1629, in 12. v. m.

2064 Les Travaux du Prince Inconnu, par de Logeas. *Paris*, 1634, in 8. v. f.

2065 La Trentaine de Cythere. *Londres*, 1753, in 12. br.

2066 Le Triomphe de l'Amitié. *Paris*, 1751, in 12. v. m.

2067 Le Triomphe de la Bazoche, & les Amours de Mᵉ. Sebastien Grapignan, *Paris*, 1698, in 12. br.

2068 Le Triomphe du Brelan, par le Capitaine J. Perrache. *Paris*, 1585, in 8. v. m.

2069 Le Triomphe du sentiment, par de Bibiena. *La Haye*, 1750, 2 tomes en 1 vol. in 12. v. m.

2070 Les Trophées de l'amour, par Jacques Corbin. *Paris*, 1604, in 12. parch.

2071 Tucia Vestale, nouvelle historique. *Paris*, 1722, in 12. v. b.

2072 Turlubleu, Histoire Grecque. *Amsterdam*, 1745, in 12. br.

2073 Le Vagabond, ou l'Histoire de ceux qui courent le monde aux dépens d'autrui. *Paris*, 1644, in 8. non relié.

2074 Variétés historiques, par J. P. Camus. *Rouen*, 1641, in 8. parch.

2075 Venda, Reine de Pologne. *La Haye*, 1705, in 12. baf.

2076 La Vengeance naturelle. *Paris*, 1754, in 12. v. m.

2077 Le Verger historique, par J. P. Camus. *Paris*, 1644, in 8. parch.

2078 La Veuve en puissance de mari, nouvelle tragi-comique. *Paris*, 1732, 2 vol. in 12. v. f.

2079 La Vie & les Aventures d'Euphormion. *Amsterdam*, 1733, in 12. v. f.

2080 La Vie & les Aventures du petit Pompée, par Toussaint. *Londres*, 1752, 2 parties in 12. v. m.

2081 La Vie & les Aventures de Zizim, fils de Mahomet II. *Paris*, 1724, in 12. fig v. b.

2082 La Vie de Lazarille de Tormes, trad. en vers françois. *Paris*, 1653, in 4. v. f.

2083 La Vie de Pedrille, del Campo. *Paris*, 1718, in 12. v. b.

2084 La Vie, les Amours & les Combats de Polymice, par de la Faye. *Paris*, 1617, in 8. baf.

2085 Le Vis-à-vis & la Défobligeante. *La Haye*, 1755, in 12. m. r.

2086 La Voiture embourbée. *Paris*, 1714, in 12. v. b.

2087 Voyage de campagne. *Paris*, 1699, 2 v in 12. v. b.

2088 Le Voyage de M. de Cleville. *Londres*, 1750, in 12. br.

2089 Le Voyage de St. Cloud, par mer & par terre. *La Haye*, 1748. ⸺ Histoire de la Félicité. *Amsterdam*, 1751.

1751. ▬ L'Art de péter, Essai théori-physique & méthodique. *Westphalie*, 1751, in 12. v. f.

2090 Le Voyage de Fontainebleau. *Par.* 1678, in 12. v. f.

2091 Le Voyage de Guibray, piece comique, 1704, in 12. parch.

2092 Le Voyage des Princes fortunés, par Beroalde de Verville. *Paris*, 1614, in 8. v. f.

2093 Voyage au séjour des Ombres. *La Haye*, 1749, in 12. v m.

2094 Voyages récréatifs du Chevalier de Quévédo. 1756, in 12. v. b.

2095 Le Voyageur fortuné dans les Indes du couchant. in 12. v. b.

2096 Zayde, Histoire Espagnole, par de Segrais. *Paris*, 1670, 2 vol. in 8. v. b.

2097 Zelinga, Histoire Chinoise. *Marseille*, 1749, in 12. v. m.

2098 Zelotyde, Histoire galante, par le Pays. *Paris*, 1665, in 12. non relié.

2099 Zenfoli & Bellina. *La Haye*, 1746, in 12. br.

2100 Zingis, Histoire Tartare, par Mademoiselle de la Roche-Guilhen. *La Haye*, 1711, in 12. v. f.

2101 Le Zombi du Grand Perou, ou la Comtesse de Cocagne. 1697, in 12. v. b.

Romans de Chevalerie ou de la Table Ronde.

2102 Le Roman de Merlin l'Enchanteur, avec ses Prophéties. *Paris*, Ant. Verard, 1498, 3 vol. in fol. goth. Rare.

2103 Histoire & Chronique de Perceforest. in fol. goth. Les tomes 3, 4, 5 & 6; le dernier feuillet du tome 6 est mss.

2104 Le Roman de Lancelot du Lac, Chevalier de la Table Ronde. *Paris*, Jean Petit, 1520, 3 tomes en 1 vol. in fol. v. b.

2105 Le Roman de Tristan de Leonnois, Chevalier de la Table Ronde. mss. sur papier écrit en 1488. in fol. relié en bois.

2106 Histoire de Gerileon d'Angleterre, par Etienne de Maison-Neufve. *Paris*, 1586, 2 vol. in 8. v. b.

2107 La Conquête du grand Roi Charlemaigne des Espagnes, & les Vaillances des douze Pairs de France, &

auſſi celles de Fierabras. *Lyon*, 1501, in 4. parch.

2108 Hiſtoire de Huon de Bordeaux. *Troyes*, 1660, in 4. non relié.

2109 L'Hiſtoire du vaillant preux Chevalier , Galien Rethoré , contenant pluſieurs nobles victoires, tant en Eſpagne qu'en Grece. *Paris*, Nicolas Bonfons, in 4. v. m. goth.

2110 L'Hiſtoire & ancienne Chronique de Gerard d'Euphrate. *Paris*, 1549 , in fol. v. b.

2111 Le Roman de Theſeus de Coulogne, & de Gadifer ſon fils, Empereur de Grece. *Paris*, 1534, 2 tomes en 1 vol. in fol. goth. v. b. manque le frontiſpice. Rare.

2112 L'Hiſtoire de Maugis d'Aygremont, & de Vivian ſon frere. *Paris*, 1584, in 4. parch.

2113 L'Hiſtoire de Guerin Meſquin. *Troyes*, 1628, in 4. v. f.

2114 Hiſtoire du Roi Alexandre le Grand , & des grandes Proüeſſes qu'il a faites en ſon tems. *Paris*, Nicolas Bonfons, in 4. non relié.

2115 Hiſtoire de Geofroy , ſurnommé à la Grand Dent, ſixieme fils de Meluſine. *Paris*, 1700, in 12. v. b.

2116 Hiſtoire merveilleuſe & notable de trois excellens & très renommés fils de Rois. *Lyon*, 1579, in 8. v. b.

2117 Amadis des Gaules. *Amſterdam*, 1750, 4 vol. in 12. br.

2118 Les Hauts Faits d'Eſplandian. *Paris*, 1751, 2 vol. in 12. br.

2119 Hiſtoire de Palmerin d'Olive , Empereur de Conſtantinople. *Paris*, 1546, in fol. v. b.

2120 La même. *Lyon*, 1593, in 16. parch.

2121 Hiſtoire de Primaleon de Grece. *Paris*, 1550, in fol. v. b.

2122 Chriſerionte de Gaule , par de Sonan. *Lyon*, 1620, in 8. baſ.

2123 Les Deviſes des armes des Chevaliers de la Table Ronde. *Lyon*, 1590, in 16. fig. enluminées, v. b.

2124 El Ingenioſo Hidalgo, Don Quixote de la Mancha, por Miguel de Cervantes Saavedra. *En Bruſſelas*, 1607, in 8. v. f.

2125 Les principales Aventures de Don Quichotte, repréſentées en figures, par Coypel, Picart & autres. *La Haye*, 1746, in fol. m. r.

2126 Le Renaud Amoureux, par la Ronce. in 8. v. f. manque le titre.

2127 Le Roman des Chevaliers de la Gloire, par Franç. de Rosset. *Paris*, 1612, in 4. v. b.

2128 Les Cent Histoires de Troye. *Paris*, Philippe le Noir, 1522, in fol. bas.

2129 Recueil des Histoires & Singularités de Troye. *Lyon*, 1544, in fol. non relié.

2130 Histoire des Trois Freres, Princes de Constantinople, par de Logeas. *Paris*, 1632, in 8. v. m.

Critiques anciens & modernes.

2131 De la maniere d'enseigner & d'étudier les Belles-Lettres, par Rollin. *Paris*, v. Estienne, 1740. 2 vol. in 4. v. f.

2132 Les quinze Livres des Déipnosophistes d'Athenée, trad. en François par l'Abbé de Marolles. *Paris*, 1680, in 4. v. f. rare.

2133 Moliere le critique, & Mercure aux prises avec les Philosophes. 1709, in 12. v. b.

2134 Observations critiques sur la traduction des Géorgiques de Virgile, par M. Clement. *Genéve*, 1771, in 12. br.

Satyres, Invectives, Défenses, Apologies, &c.

2135 Titi Petronii Satyricon, cum Notis Bourdelotii. *Parisiis*, 1677, in 12. v. b.

2136 Petrone, trad. en vers françois. *Paris*, 1667, in 12. v. b.

2137 Apologie pour Herodote, par Henri Estienne, avec les Remarques de le Duchat. *La Haye*, 1735, 3 vol. in 12. v. m.

2138 La Satyre d'Euphormion, trad. du latin de J. Barclay, en françois. *Paris*, 1640, in 8. v. f.

2139 L'œil clairvoyant d'Euphormion dans les actions des hommes, trad. de Jean Barclay, par Nau. *Paris*, 1626, in 8. bas.

2140 Le Ris de Démocrite, & le Pleur de Héraclite, sur les folies & miseres de ce monde. *Paris*, 1547, in 8. parch.

2141 Le nouveau Journal Satyrique pour la réformation

des mœurs & des abus de notre siecle. *Utrecht*, 1716, in 12. baſ.

2142 Mémoires politiques, amuſans & ſatyriques. *Veritopolis*, 1735, 3 vol. in 12. v. m.

2143 La Chronique ſcandaleuſe, ou Paris ridicule, par C. le Petit. *Cologne*, 1668, in 12. v. b.

2144 Les Uſages. *Genéve*, 1742, 2 part. 1 vol. in 12. v. m.

2145 Les Ridicules du ſiecle. *Londres*, 1752, in 12. v. m.

2146 Les Entretiens des caffés de Paris, & les différens qui y ſurviennent. *Trévoux*, 1702, in 12. v. b.

2147 Le Satyrique françois expirant, ou les Fautes du Satyrique françois. *Cologne*, 1689, in 8. br.

2148 Le Faux Satyrique puni, & le Mérite couronné. *Lyon*, 1695, in 8. v. b.

2149 Le Triomphe de Pradon. *Lyon*, 1684, in 12. v. b.

2150 L'Apothéoſe de Mademoiſelle de Scudery, par Mademoiſelle L'H*** (L'Héritier.) *Paris*, 1702, in 12. baſ.

2151 Hiſtoire du différend entre les Jéſuites & M. de Santeuil. *Liege*, 1697, in 12. v. b.

2152 La Procopade, ou l'Apothéoſe du Docteur Procope, & autres Pieces. *Londres*, 1754, in 12. v. f.

2153 Le Docteur Gelaon, ou les Ridiculités anciennes & modernes. *Londres*, 1738, in 12. v. m.

2154 Le Parnaſſe aſſiégé, ou la guerre déclarée entre les Philoſophes anciens & modernes. *Lyon*, 1697, in 12.

2155 Petites Lettres ſur de grands Philoſophes. *Paris*, 1757, in 12. br.

2156 Nouveau Mémoire pour ſervir à l'Hiſtoire des Cacouacs. *Amſterdam*, 1757, in 12. v. m.

2157 La Waſprie, ou l'Ami Waſp. *Berne*, 1761, 2 vol. in 12. br.

2158 Journée Calotine, en deux Dialogues. in 8. br.

2159 Satyres du Prince Cantemir, avec l'Hiſtoire de ſa vie, trad. en françois. *Londres*, 1749, in 12. v. m.

Diſſertations ſingulieres, philologiques, critiques, allégoriques & enjouées; comme auſſi les Traités critiques & apologétiques de l'un & de l'autre ſexe.

2160 Paradoxe que les adverſités ſont plus néceſſaires que les proſpérités, & qu'entre toutes, l'état d'une étroite priſon eſt le plus doux & le plus profitable, par le Sei-

2142 *Double*.

gneur de Téligny. *Lyon*, 1588, in 8. br.

2161 Paradoxes, ou les Opinions renverfées de la plupart des hommes. *Rouen*, 1638, in 12. m. r.

2162 L'éloge de la Folie, compofé par Erafme, & trad. en françois par Gueudeville. *Leyde*, 1713, in 12. fig. v. f.

2163 Le même. 1751, in 4. fig. m. c.

2164 La magnifique Doxologie du Feftu, par Sébaftien Rouillard. *Paris*, 1610, in 8. br.

2165 L'origine des Puces. *Londres*, 1749, in 16. br.

2166 Les Chats, par de Moncrif. *Paris*, 1727, in 8.

2167 Effai hiftorique, critique, philofophique, &c. fur les lanternes, leur origine, leur forme & leur utilité. *Dole*, 1755, in 12. v. f.

2168 L'Encyclopédie perruquiere, par Beaumont. *Paris*, 1757, in 12. fig. br.

2169 Livre fans nom. *Lyon*, 1695, in 12. baf.

2170 Les Œuvres de Bernard de Bluet d'Arberes, Comte de Permiffion, &c. 1600, in 12. m. v. Rare.

2171 Le Tombeau & Teftament du feu Comte de Permif-fion. *Paris*, 1606, in 12. br.

2172 Le parfait Maçon, ou les véritables fecrets des qua-tre grades d'Aprentifs, Compagnons, Maîtres ordinai-res & Ecoffois de la Franche-Maçonnerie. in 12. br.

2173 Le Secret des Francs-Maçons, avec un Recueil de leurs Chanfons, précédé de quelques pieces de Poéfies. 1744, in 12. br.

2174 Les agréables Divertiffemens de la table, ou Régle-mens de la fociété des freres & fœurs de l'Ordre de Mé-dufe. *Marfeille*, in 12. m. v.

2175 L'Efclavage rompu, ou la fociété des francs Peteurs. 1756, in 12. br.

2176 Hiftoire de la Galanterie des anciens, par de Vau-moriere. *Paris*, 1671, 2 vol. in 12. v. b.

2177 Les Loix de la Galanterie. in 8. parch.

2178 Les charmes de l'Amour & de la belle Galanterie, en profe & en vers. *Paris*, 1674, in 12. baf.

2179 Morale galante, ou l'Art de bien aimer. *Paris*, 1669, in 12. parch.

2180 L'Académie des Philofophes fur l'Amour, par L. Laf-peireres. *Paris*, 1642, in 8. parch.

2181 Léon hébreu de l'Amour. *Lyon*, 1551, in 8. v. b.

2182 De la nature d'Amour, par Mario Equicola d'Alveto, trad. par Gabriel Chappuys. *Lyon*, 1598, in 12. v. f.

2183 La Définition & Perfection d'Amour. *Paris*, 1542, in 12. v. m.

2184 Les différens caracteres de l'Amour. *Paris*, 1685, in 12. v. b.

2185 Fleurs, Fleurettes & Passe-temps, ou les divers caracteres de l'Amour honnefte. *Paris*, 1666, in 12. v. b.

2186 Le Débat de Vasquiran & de Flamyan, fur le fait d'Amour. *Paris*, Jean Longis, 1541, in 8. br.

2187 Valentins, questions d'Amour, & autres pieces galantes. *Paris*, 1669, in 12. v. b.

2188 Contramours de Baptifte Fulgofe. *Paris*, 1581, in 4. parch.

2189 Antipériftafe, ou contraires Différences d'Amour. *Paris*, 1604, in 12. parch.

2190 La Défaite du faux Amour, par l'unique des braves de ce temps, par P. Boitel. *Paris*, 1618, in 12. parch.

2191 Maximes & Loix d'Amour. *Paris*, 1669, in 12. v. b.

2192 Les Arrêts d'Amour, par Martial d'Auvergne, dit de Paris. *Amfterdam*, 1731, in 12. v. m.

2193 L'Ecole de l'intérêt, & l'Univerfité d'Amour, trad. de l'efpagnol par C. le Petit. *Paris*, 1662, in 12. v. b.

2194 Apologie du Silence en Amour. *Paris*, 1646, in 8.

2195 Traité des Combats quel'Amour a eüs contre la Raifon & la Jaloufie, par F. Joyeux. *Paris*, 1667, in 12. parch.

2196 Baniffement des folles Amours, par d'Avity. *Lyon*, 1618, in 12. baf.

2197 La Médaille curieufe, où font gravés deux écueils redoutables à tous les jeunes cœurs, & où les vieux Capitaines & les plus expérimentés Amans trouveront quelque chofe de furprenant. *Paris*, 1672, 2 tom. en 1 vol. in 12. v. b.

2198 De la Beauté, difcours divers, avec la Paule-graphie, ou Defcription des Beautés d'une Dame Tholofaine, nommée la *belle Paule*, par Gabriel de Minut. *Lyon*, 1587, in 12. m. r. piqué

2199 Les quinze Joies du Mariage. *Rouen*, 1596, in 12. parch.

2200 Satyre Ménippée fur les poignantes traverfes & incommodités du Mariage, par Thomas Sonnet. *Paris*, 1610, in 8. parch.

2201 Dictonnaire des Précieufes, par de Somaize. *Paris*, 1661, 2 tom. en 1 vol. in 8. parch.

2202 De la Grandeur & de l'Excellence des Femmes au-deffus des Hommes, compofé en latin par H. C. Agrippa, & trad. en franç. *Paris*, 1713, in 12. v. b.

2203 Le Fort inexpugnable de l'honneur du fexe feminin, par François de Billon. *Paris*, 1555, in 4. v. b.

2204 Le Bouclier des Dames, contenant toutes leurs belles perfections, par Louis le Bermen. *Rouen*, 1621, in 12. v. f.

2205 Le Paranymphe des Dames, par N. Angenouft. *Troyes*, 1629, in 12. non relié.

2206 Le Champion des femmes, par de l'Efcale. *Paris*, 1618, in 12. parch.

2207 L'Advocat des Dames de Paris, touchant le Pardon Saint Trotet. in 8. goth. m. r.

2208 Le Triomphe des Dames. *Rouen*, 1599, in 12. non relié.

2209 Le Triomphe des Dames, par du Soucy. *Paris*, 1646, in 4. v. b.

2210 Les Dames Illuftres, par Mademoifelle J. Guillaume. *Paris*, 1665, in 12. v. b.

2211 Tableau hiftorique des rufes & fubtilités des femmes. *Paris*, 1623, in 8. v. f.

2212 Alphabet de l'imperfection & malice des femmes, par Jacq. Olivier. *Lyon*, 1648, in 12. parch.

2213 La Défenfe des femmes contre l'Alphabet de leur prétendue malice & imperfection, par Vigoureux. *Paris*, 1617, in 12. parch.

2214 Réplique à l'anti-malice, ou Défenfe des femmes, du fieur Vigoureux, par de la Bruyere. *Paris*, 1617, in 12. parch.

2215 La Malice des femmes, avec la Farce de Martin Bâton. *Troyes*, 1655, in 12. m. r.

2216 L'Art de rendre les femmes fideles. *Paris*, 1713, in 12. v. f.

Gnomiques, ou Sentences, Apophthegmes, Adages, &c.

2217 Les Dicts des fept Sages de Grece, trad. du grec en vers latins par Aufone, & mis en rime françoife par François Habert. *Paris*, 1549, in 12. v. b.

2218 Les Dits moraux des Philofophes, & les Prouelles

du vaillant Roi Alexandre. *Paris*, Michel le Noir, in 4. goth. non relié.

2219 Defiderii Erafmi Parabolæ, five Similia. *Bafilea*, 1518, in 8. parch.

2220 Les Apophthegmes d'Erafme, trad. en françois, par Macault. *Lyon*, 1549, in 16. baf.

2221 Recueil de Penfées ingénieufes, par l'Abbé Berthelin. *Paris*, 1752, in 12. v. m.

2222 Les deux premiers Livres des Apophthegmes, trad. en vers françois par Gabriel Pot. *Lyon*, 1573, in 8. v. m.

2223 Hecatomgraphie; c'eft-à-dire, Defcriptions de cent figures & hiftoires contenant plufieurs apophthegmes, proverbes, &c. par Gilles Corrozet. *Paris*, 1541, in 8. m. r.

2224 Honnête Paffe-tems, recueilli des Faits & Propos de plufieurs Princes, &c. pour récréer toute bonne compagnie. *Paris*, 1608, in 12. parch.

2225 Les Œillets de récréation, où font contenues Sentences, Avis, Exemples, &c. par Ambrofio de Salazar. *Rouen*, 1614, in 12. br.

2226 Menagiana, ou les bons Mots, & Remarques critiques, hiftoriques, morales, & d'érudition de Ménage. *Paris*, 1715, 4 vol. in 12. v. f.

2227 Santeuilliana, ou les bons Mots de M. de Santeuil. *La Haye*, 1708, in 8. v. b.

2228 L'Efprit de Madame de Maintenon. *Paris*, 1771, in 12. br.

2229 Amufemens férieux & comiques, ou Recueil de bons Mots, &c. *La Haye*, 1719, in 12. v. m.

2230 Elite de bons Mots. *Amfterdam*, 1731, 2 vol. in 12. v. m.

Hieroglyphes, ou Emblêmes, Devifes, &c.

2231 Gabrielis Rollenhagii Emblemata. *Colonia*, 1611, in 4. v. m.

2232 Herm. Hugonis pia Defideria. *Antuerpia*, 1632, in 8. fig. v. f.

2233 Difcours des Hiéroglyphes Egyptiens, Emblêmes, Devifes & Armoiries, par Pierre l'Anglois. *Paris*, 1583, in 4. v. m.

2234 Le Théâtre Moral de la vie humaine, par de Gomberville. *Bruxelles*, 1672, in fol. v. b.

2325 Les Emblêmes de Guill. Gueroult. *Lyon*, 1550, in 8. br.

2236 Les Emblêmes d'André Alciat, mis en rime françoise. in 8. v. f.

2237 Les mêmes. *Paris*, 1536, in 8. goth. v. b.

2238 Les mêmes *Lyon*, 1549, in 8. fig. baſ.

2239 Les mêmes. *Lyon*, 1558, in 16. fig. parch.

2240 Emblêmes, ou Deviſes chrétiennes. *Lyon*, 1717, in 12. fig. v. b.

2241 Les Emblêmes d'amour divin & humain. *Paris*, in 8. parch.

2242 Emblemata amorum. in 4. oblong. fig. v. b.

2243 Emblêmes d'amour. in 8. fig. v. b.

2244 Les mêmes. in 4. fig. v. b.

2245 Deviſes & Emblêmes d'amour moraliſés. *Paris*, 1658, in 8. fig. parch.

2246 Deviſes héroïques, & Emblêmes de Claude Paradin. *Paris*, 1621, in 8. fig. parch.

2247 Emblêmes, ou Préceptes moraux, tirés des écrits de Gilles Corrozet. *Paris*, 1641, in 12. br.

2248 Emblêmes royales, par Martinet. *Paris*, 1673, in 12. br.

2249 Le Triomphe de la religion ſous Louis le Grand, repréſenté par des Inſcriptions & des Deviſes, avec une explication en vers latins & françois, par le P. le Jay. *Paris*, 1687, in 12. fig. v. b.

2250 Les Emblêmes de Cocrocbrocfroc, ou Traité de l'œuvre & des mœurs de ce ſiecle. *Genève*, 1746, in 12. br.

POLYGRAPHES ANCIENS ET MODERNES.

2251 LES Œuvres de Lucien, trad. du grec. par Filbert Bretin. *Paris*, 1582, in fol. v. f.

2252 Les Dialogues de Lucien, trad. en vers françois. *Paris*, 1669, in 12. v. b.

2253 Hieronymi Perboni, Oviliarum Opus. in fol. baſ. ad calcem voluminis deſunt folia quædam.

2254 Recueil de rimes & de proſe. *Paris*, 1555, in 8. non relié.

2255 La Jeuneſſe d'Etienne Paſquier. *Paris*, 1610, in 8. v. f.

2256 Petites Œuvres mêlées du ſieur d'Aubigné. *Genéve*, 1630, in 12. parch.

2257 Les Œuvres de Saraſin. *Paris*, 1656, in 4. v. b.

2258 Œuvres mêlées en proſe & en vers, du ſieur Gaillard. *Paris*, 1634, in 8. v. b.

2259 Les Voyageurs inconnus, & autres Œuvres, tant en vers qu'en proſe. *Paris*, 1655, in 12. v. b.

2260 Les Œuvres diverſes en vers & en proſe, par Octavie. *Paris*, 1658, in 12. v. b.

2261 Œuvres mêlées de Cotin. *Paris*, 1659, in 12. parch.

2262 Œuvres galantes, tant en vers qu'en proſe, par le même. *Paris*, 1665, 2 vol. in 12. v. b.

2263 Mélanges de Piéces curieuſes, tant en proſe qu'en vers. *Paris*, 1664, in 12. v. b.

2264 Nouvelles Poéſies, ou diverſes Piéces choiſies, tant en vers qu'en proſe, par Mademoiſelle Certain. *Paris*, 1665, in 12. baſ.

2265 Recueil de Piéces en proſe & en vers. *Caen*, 1671, in 12. v. b.

2266 Recueil de divers ouvrages en proſe & en vers, par Perrault. *Paris*, 1676, in 12. m. r.

2267 Opuſcules ſur divers ſujets. *Par.* 1684, in 12. v. m.

2268 Ouvrages de proſe & de poéſie des ſieurs Maucroix & de la Fontaine. *Paris*, 1685, 2 vol. in 12. m. r.

2269 Œuvres de Scarron. *Amſterdam*, Mortier, 1697, 8 vol. in 12. v. f.

2270 Les Œuvres mêlées de Saint Evremond. *Londres*, 1709, 3 vol. in 4. g. p. v. f.

2271 Œuvres diverſes de Pierre Bayle. *La Haye*, 1727, 4 vol. in fol. g. p. v. f. d. ſ. t.

2272 Penſées diverſes, à l'occaſion de la Comete qui parut au mois de Décembre 1680, par P. Bayle. *Rotterdam*, 1704, 4 vol. in 12. v. f.

2273 Les Œuvres de l'abbé de Saint Réal. *Amſterdam*, 1732, 4 vol. in 12. v. f.

2274 Les Œuvres de la Chapelle. *Paris*, 1700, 2 vol. in 12. m. b.

2275 Recueil de Piéces choiſies, tant en proſe qu'en vers. *La Haye*, 1714, 2 vol. in 12. v. b.

2276 Le Porte-Feuille de M. L. D. F. *Carpentras*, 1694, in 12. v. b.

2277 Bigarures ingénieuses, ou Recueil de Piéces galantes en profe & en vers. 1696, in 12. v. b.

2278 Recueil de quelques Piéces nouvelles & galantes, tant en profe qu'en vers. *Utrecht*, 1699, in 12. v. m.

2279 Recueil de Piéces en profe & en vers. *Cologne*, 1710, in 12. br.

2280 Saifons Littéraires, ou mêlanges de Poéfie, d'Hiftoire & de Critique. *Paris*, 1714, in 12. v. b.

2281 Les Œuvres mêlées de Molinier. *Touloufe*, in 8. v. f.

2282 Œuvres mêlées de Madame de Gomez. *Paris*, 1724, in 12. v. b.

2283 Œuvres mêlées de M. de la Grange. *La Haye*, 1724, in 12. v. f.

2284 Œuvres du Pere Rapin. *La Haye*, 1725, 3 vol. in 12. v. b.

2285 Variétés ingénieuses. *Paris*, 1725, in 12. v. m.

2286 Œuvres de M. le Baron de Waleff. *Liege*, 1731, 5 vol. in 8. br.

2287 Œuvres mêlées de M.***. *Par.* 1732, in 12. v. m.

2288 Les Œuvres d'Houdar de la Motte. *Paris*, 1754, 9 vol. in 12. br.

2289 Œuvres diverfes de M. de Fontenelle. *Paris*, 1724, 3. vol. in 12. v. b.

2290 Les mêmes, augmentées & enrichies de figures gravées par Bernard Picart. *La Haye*, 1728, 3 vol. in fol. m. citron.

2291 Entretiens littéraires & galans, avec les Aventures de Don Palmerin & de Thamire, par du Perron de Caftera. *Amfterdam*, 1738, 2 vol. in 12. v. m.

2292 Les Œuvres de Montefquieu. *Amfterdam*, 1758, 5 vol. in 4. v. m.

2293 Piéces Fugitives de M. S.***. 1752, in 12. v. m.

2294 Singularités diverfes en profe & en vers. *Cofmopolis*, 1753, in 12. br.

2295 Mêlanges Littéraires, ou Epîtres & Piéces philofophiques, par M. de la Harpe. *Paris*, 1765, in 12. br.

2296 Les Penfées errantes, avec quelques Lettres d'un Indien. *Paris*, 1758, in 12. v. m.

2297 Les diverfes Leçons de Louis Guyon. *Lyon*, 1610, 3 vol. in 8. v. f.

2298 Œuvres mêlées d'Antoine Hamilton. *Paris*, 1731, 2 tomes, 1 vol. in 12. v. f.

2299 Œuvres diverses de Pope, trad. de l'angl. en françois. *Amsterdam*, 1754, 6 vol. in 12. fig. m. r.

Dialogues & Entretiens sur différens sujets mêlés.

2300 Quatre Dialogues faits à l'imitation des anciens,
par Orasius Tubero. *Francfort*, 1606, in 4. m. r. Rare.
2301 Les Entretiens galans d'Aristippe & d'Axiane. *Paris*,
1664, in 12. v. b.
2302 La Maniere de bien penser dans les Ouvrages d'esprit, par le P. Bouhours. *Paris*, 1687, in 4. v. b.
2303 Lettres sur les Dialogues d'Eudoxe & de Philanthe.
Paris, 1688, in 12. v. b.
2304 Sentimens de Cléante sur les Entretiens d'Ariste &
d'Eugene. *Paris*, 1671, in 12. v. b.
2305 Conversations sur la Critique de la Princesse de Cleves. *Paris*, 1679, in 12. v. b.
2306 Lettres sur le sujet de la Princesse de Cleves. *Paris*,
1678, in 12. v. b.
2307 Entretiens sur les Contes des Fées, & sur quelques
autres Ouvrages du tems. *Paris*, 1699, in 12. v. b.
2308 Les moyens de se guérir de l'Amour; Conversations
galantes *Paris*, 1681, in 12. bas.
2309 Les Philosophes à l'encan, Dialogues. *Par.* 1690,
in 12. v. b.
2310 Le Paraguay, Conversation morale & familiere.
in 12. v. m.

Epistolaires.

2311 Franc. Philelfi Epistolæ breviores. *Colonia*, 1501,
in 4. relié en bois.
2312 Epistolæ Francisci Philelfi. *Augusta Vindelicorum*,
1519, in 4. goth. br.
2313 Petri Bembi Epistolæ. 1535, in 8. m. b.
2314 Josephi Scaligeri Epistolæ. *Lugd. Batavorum*, 1617,
in 8. v. m.
2315 Lettres amoureuses & morales des beaux esprits de
ce tems. *Paris*, 1620, in 8. parch.
2316 Les Epitres du sieur de Bois-Robert. *Paris*, 1647,
in 4. parch.
2317 Lettres & Poésies de Madame la Comtesse de Bregy.
Leyde, 1668, in 12. v. b.

2318 Lettres hiftoriques de Pelliffon. *Paris*, 1729, 3 vol. in 12. v. m.

2319 Lettres de Fléchier fur divers fujets. *Paris*, 1711, in 12. v. m.

2320 Nouvelles Lettres & Œuvres galantes, par Soyer Deftauvelles. *Paris*, 1724, in 12. v. b.

2321 Lettres galantes & Poéfies diverfes. *Paris*, 1724, in 12. v. b.

2322 Lettres curieufes fur divers fujets. *Paris*, 1735, 2 vol. in 12. v. b.

2323 Lettres d'Amour du Chevalier de ***. *Londres*, 1752, 4 part. en 1 vol. in 12. v. m.

2324 Lettres de M. ***. *Paris*, 1760, in 12. v. m.

2325 Lettres de Milady Bedfort. *Paris*, 1769, in 12. br.

HISTOIRE.

GÉOGRAPHIE.

2326 CLAUDII Ptolomæi Geographia univerfalis. *Bafil.* 1545, in fol. v. b.

2327 Denys Alexandrin, de la Situation du monde, trad. du grec en franç. par Benigne Saumaize. *Paris*, 1597, in 12. parch.

2328 Inftitutions géographiques, par M. Robert de Vaugondy. *Paris*, 1766, in 8. v. m.

2329 Defcription géographique & hiftorique des côtes de l'Amérique Septentrionale, par Denys. *Paris*, 1672, 2 tom. en 1 vol. in 12. v. b.

VOYAGES.

2330 DE l'utilité des Voyages, par Baudelot de Dairval. *Paris*, 1686, 2 vol. in 12. v. f.

2331 Recueil de divers Voyages curieux, par Thevenot. *Paris*, 1696, 2 vol. in fol. v. f. *imparfait*

2332 Recueil de Voyages au Nord. *Amfterdam*, Fréderic Bernard, 1731, 8 vol. in 12. fig. m, r.

2333 Voyages faits principalement en Asie, recueillis par Pierre Bergeron. *La Haye*, 1735, in 4. v. f.

2334 Nouveau Voyage autour du monde, par Guillaume Dampier. *Amsterdam*, 1711, 5 vol. in 12. v. m.

2335 Voyages de la Motraye, en Europe, Asie & Afrique. *La Haye*, 1727, 2 vol. in fol. v. b.

2336 Voyages en Italie, en Allemagne, à Malthe & en Turquie, par Dumont. *La Haye*, 1699, 4 vol. in 12.

2337 Voyages en divers Etats d'Europe & d'Asie, entrepris pour découvrir un nouveau chemin à la Chine, par Ph. Avril. *Paris*, 1692, in 4. v. b.

2338 Les Voyages de Jean Struys, en Moscovie, en Tartarie, en Perse, aux Indes & en plusieurs autres pays étrangers. *Amsterdam*, 1681, in 4. v. f.

2339 Voyage des Pays Septentrionaux, par de la Martiniere. *Paris*, 1671, in 12. v. b.

2340 Voyage de Dalmatie, de Grece & du Levant, par George Wheler. *Anvers*, 1689, 2 vol. in 12. v. f.

2341 Relation des Voyages de M. de Breves, tant en Grece, Terre-Sainte & Egypte, qu'aux Royaumes de Tunis & Alger. *Paris*, 1628, in 4. v. f.

2342 Les Voyages & Observations du sieur de la Boullaye le Gouz. *Paris*, 1657, in 4. v. m.

2343 Nouveau Voyage d'Italie, par Maximilien Misson. *La Haye*, Henri van Bulderen, 1702, 3 vol. in 12. fig. m. r.

2344 Le même. *La Haye*, 1702, 4 vol. in 12. v. m.

2345 Les Voyages par terre à Constantinople, par Quiclet. *Paris*, 1664, in 12. v. m.

2346 Le Grand Voyage de Hiérusalem & autres lieux Saints. *Paris*, Franç. Regnault, 1517, in 4. v. m.

2347 Voyage du Mont Liban, par Jérôme Dandini. *Par.* 1675, in 12. v. b.

2348 Voyage au Levant, par Corneille le Brun. *Paris*, 1714, in fol. fig. v. f.

2349 Voyages du même, par la Moscovie, en Perse & aux Indes Orientales. *Amsterdam*, 1718, 2 tom. en 1 vol. in fol. v. f.

2350 Relation d'un Voyage fait au Levant, par Pitton de Tournefort. *Paris*, 1717, 2 vol. in 4. fig. v. f.

2351 Histoire des Voyages du Marquis de Ville en Levant, & du Siege de Candie. *Paris*, 1669, in 12. v. m.

2352 Le Voyage & Navigation fait par les Espagnols aux

Isles Molucques. *Paris*, Simon de Colines, in 8. v. f.
goth.

2353 Relation des Voyages en Tartarie, de Guillaume de Rubruquis. *Paris*, 1634, in 8 v. f.

2354 Sommaire des divers Voyages & Missions apostoliques, à la Chine & autres Royaumes de l'Orient, par le P. Alexandre de Rhodes. *Paris*, 1653, in 8. v. m.

2355 Relation des Missions & Voyages des Evêques François, envoyés aux Royaumes de la Chine, Cochinchine, &c. par François Pallu. *Paris*, 1688, in 8. v. m.

2356 Relation des Missions & des Voyages des Evêques Vicaires apostoliques, à la Cochinchine. *Paris*, 1680, in 8. v. f.

2357 Relation du Voyage de M. Evert Isbrand, vers l'Empereur de la Chine, par Adam Brand. *Amsterdam*, 1699, in 12. v. b.

2358 Voyage des Peres de la Mercy à Alger. *Aix*, 1663, in 12. v. b.

2359 Histoire & Voyage des Indes Occidentales, par Guill. Coppier. *Lyon*, 1645, in 8. v. m.

2360 Relation du Voyage de la nouvelle France, par Diereville. *Rouen*, 1708, in 12. v. b.

2361 Voyage à la mer du Sud, fait par quelques Officiers commandant le vaisseau le Wager. *Lyon*, 1756, in 12. v. m.

2362 Voyages & Aventures de Jacques Massé. *Bordeaux*, 1710, in 12. v. f.

2363 Voyages de Gulliver. *Paris*, 1727, 2 tomes en 1 vol, in 12. v. b.

2364 Le Nouveau Gulliver, par l'Abbé Desfontaines. *Paris*, 1730, 2 tomes en 1 vol. in 12.

2365 Aventures de C. le Beau, ou Voyage curieux & nouveau parmi les Sauvages de l'Amérique Septentrionale. *Amsterdam*, 1738, 2 vol. in 12. v. f.

2366 La Découverte de l'Empire de Cantahar. *Paris*, 1730, in 12. v. b.

2367 Histoire du grand & admirable Royaume d'Antangil. *Saumur*, 1616, in 8. parch.

CHRONOLOGIE ET HISTOIRE UNIVERSELLE.

2368 CLEMENTIS Schuberti Libri IV, de Scrupulis Chronologorum. *Argentorati*, 1575, in fol. parch.

2369 L'Antiquité des tems rétablie & défendue contre les Juifs & les nouveaux Chronologistes, par Pezron. *Paris*, 1687, in 4. v. b.

2370 Chronica quæ Fasciculus temporum dicitur. *Lovanii*, anno 1476, in fol. non relié.

2371 Jac. Philippi Bergomensis, Supplementum Chronicarum. *Venetiis*, 1490, in fol. v. b.

2372 Les Histoires universelles de Justin, trad. en franç. par Claude de Seyssel. *Paris*, 1559, in fol. v. m.

2373 La Mer des Histoires. *Paris*, 1543, 2 tomes en 1 vol. in fol. goth. v. b.

2374 Cl. Barth. Morisotti, Historia rerum in mari & littoribus gestarum. *Divione*, 1643, in fol. v. b.

2375 Rerum Memorabilium, ab anno M. D. ad annum fere LX. in Republica Christiana gestarum, Libri V. auctore Rovero Pontano. *Colonia*, 1559, in fol. parch.

2376 Histoire universelle de Jacques Auguste de Thou. *Paris*, 1734, 16 vol. in 4. gr. p. v. m.

2377 Histoire politique du siécle. *Londres*, 1754, 2 vol. in 12. v. m.

HISTOIRE ECCLÉSIASTIQUE.

2378 HISTOIRE du Peuple de Dieu, par Isaac-Joseph Berruyer. *Paris*, veuve Pissot, 1728, 7 vol. in 4. v. f.

2379 Histoire du Peuple de Dieu, depuis la naissance du Messie jusqu'à la fin de la Synagogue, par le même. *La Haye*, 1753, 8 vol. in 12. v. f.

2380 Dissertations sur la prison de St. Jean Baptiste, & sur la derniere Pâque de Jesus-Christ. *Paris*, 1690, in 12. v. f.

2381 Histoire Ecclésiastique, par Cl. Fleury. *Paris*, 1722, & suiv. 36 vol. in 4. v. m.

2382 Abrégé de l'Histoire Ecclésiastique, par M. Racine. *Cologne*, 1754, 15 vol. in 12. v. m.

2383

2383 Les Fastes de l'Eglise, par Antoine Godeau. *Paris*, 1674, in 12. v. b.

2384 Histoire de l'Eglise de Meaux, par Dom Toussaint du Plessis. *Paris*, 1731, 2 vol. in 4. v. m.

2385 Histoire des Archevêques de Tours, par Ollivier Cherreau. *Tours*, 1654, in 4. v. f.

2386 Histoire du Syndicat d'Edmond Richer. *Avignon*, 1753, in 12. v. m.

HISTOIRE DES CONCILES.

2387 Histoire du Concile de Pise, par Jacques l'Enfant. *Amsterdam*, 1724, 2 tomes, 1 vol. in 4. v. b.

2388 Histoire du Concile de Trente, par le Courayer. *Londres*, 1736, 2 vol. in fol. gr. p. v. b.

Histoires & Vies des Papes, comme aussi l'Histoire des Conclaves & des Cardinaux.

2389 Philippi Bonanni, numismata Pontificum Romanorum. *Roma*, 1699, 2 vol. in f. v. b.

2390 Ejusdem Numismata Summorum Pontificum, Templi Vaticani fabricam indicantia. *Romæ*, 1696, in fol. ch. mag. m. r.

2391 Histoire des Papes, par Bruys. *La Haye*, 1732, 5 vol. in 4. v. f.

2392 Histoire de la Papesse Jeanne, traduite du latin de Spanheim. *La Haye*, 1736, 2 vol. in 12. fig. m. r.

2393 Familier Eclaircissement de la question, si une femme a été assise au Siege Papal de Rome, par David Blondel. *Amsterdam*, 1647, in 8. v. f.

2394 La Vie du Pape Alexandre VI, & de son fils César Borgia. *Amsterdam*, 1732, 2 vol. in 12 v. m.

2395 Speculum Romanorum Pontificum, per Steph. Szegedinum. 1604, in 8. v. f.

2396 Le Népotisme de Rome, trad. de l'Italien. 1669, 2 part. 1 vol. in 12. parch.

2397 Petr. Frizon Gallia purpurata. *Parisiis*, 1638, in fol. v. b.

Q

Histoire générale des Ordres Monastiques , Religieux &
Militaires.

2398 Figures des différens Habits des Chanoines Réguliers en ce siécle , par le P. C. du Molinet. *Paris,* 1666,
in 4. br.

2399 Histoire de tous les Ordres Militaires ou de Chevalerie , avec des figures d'Adrien Schooncbeck. *Amsterdam,* 1699, 2 vol. in 12. v. b.

Histoire particuliere des différens Ordres Monastiques.

2400 Histoire de l'Abbaye Royale de Saint Germain-des-
Prés , par Dom Jacq. Bouillard. *Paris,* 1724 , in fol.
fig. v. f.

2401 Histoire de l'Abbaye de St. Denis, par Don Felibien.
Paris, 1706 , in fol. fig. v. b.

2402 Bartholomæi de Pisis Liber Conformitatum Vitæ
S. Francisci, ad Vitam Domini Nostri Jesu-Christi.
Mediolani, per Gotardum Ponticum, 1510 , in fol. m.
b. editio primaria originalis rarissima. Deest titulus.

2403 Ejusdem Operis Conformitatum S. Francisci editio
secunda. *Mediolani ,* Castilioneus , 1513 , in fol. m. r.
Exemplar elegans & nitidum Libri rarissimi.

2404

2405 La Vie de Monseigneur S. François. *Paris,* in 12.
goth. bas.

2406 La Sainte Franciade , contenant la Vie, Gestes &
Miracles du Bienheureux S. François. *Paris ,* 1634 ,
in 8. parch.

2407 La Vie de la Séraphique Mere Ste Thérese de Jésus,
par Claudine Brunand. *Lyon ,* 1670, in 8. v. b.

2408 Recueil de pieces touchant l'Histoire de la Compagnie de Jésus, par le P. Joseph Jouvenci. *Liege ,* 1713,
in 12. v. b.

2409 La Vie du Glorieux S. Ignace de Loyola , par le
P. Pierre Morin. *Paris,* 1622, in 12. v. b.

2410 La Vie de S. François Xavier , par le P. Bouhours.
Paris, 1682, in 4. v. f.

2411 La Vie du P. Bernard, ou la Charité dans son Thrône,
par de la Serre. *Paris ,* 1642 , in 8. v. m.

2412 La Vie de Marie Alacoque, par Jean - Joseph Lan-
guet. *Paris*, 1729, in 4. v. m.

Histoire des Ordres Militaires & de Chevalerie.

2413 Discours de l'Ordre, Milice & Religion du S. Esprit,
par Olivier de la Trau. 1629, in 4. v. b.

2414 Les Statuts de l'Ordre du S. Esprit. *Paris*, 1703,
in 4. v. f.

2415 Statuts de l'Ordre de S. Michel. *Paris*, 1727, in 4.

Vies des Saints, & des Personnages illustres en piété, &c.

2416 Eloges des Personnes illustres de l'ancien Testament,
pour donner quelque teinture de l'Histoire Sacrée. *Par.*
1688, in 8. v. b.

2417 La Légende dorée & Vies des Saints. *Paris*, 1554,
in fol. fig. enluminées, v. m.

2418 L'invocation & l'Imitation des Saints, pour tous les
jours de l'année. *Paris*, 1721, 2 vol. in 24. m. viol.

2419 La Vie de S. Athanase, par Godefroy Hermant. *Par.*
1671, in 4. v. f.

2420 La Vie de S. Ambroise, par le même. *Paris*, 1679,
in 4. v. f.

2421 La Vie de S. Jean Chrisostome. *Paris*, 1664, in 4.

2422 Sancti Servacii Legenda. *In fine hæc Leguntur : Ex-
plicit Sanctissimi Servacii Tūgrensis Ecclesie Presulis &
consanguinei X pristi Legēda de novo stylo claro ac ele-
ganti cōpilata, Colonie que impressa, p. me Arnoldū-Ther
═Hoyrnen finita. Anno Dni M. CCCC. LXXII. die
Mercurii qrta mèsis Martii. in 4. non relié.*

2423 Eloge de trois Martyrs, S. Can, S. Cancien & Ste
Cancienne. *Paris*, 1670, in 8. parch.

2424 Histoire de plusieurs Saints des Maisons des Comtes
de Tonnerre & de Clermont, par Cousin. *Paris*, 1698,
in 12. v. b.

2425 La glorieuse Mort d'André, Catéchiste de la Cochinchine, par Alexandre de Rhodes. *Paris*, 1653, in 12.
v. m.

2426 Pauli Aringhi Roma subterranea. *Coloniæ*, 1659,
2 tom. en 1 vol. in fol. fig. v. b.

2427 Dissertation sur la sainte Larme de Vendosme, par
J. B. Thiers. *Amsterdam*, 1751, in 12. v. b.

Histoire générale des Religions, Sectes & Hérésies.

2428 Cérémonies & Coutumes Religieuses de tous les Peuples du Monde, représentées par des figures dessinées par Bernard Picart. *Amsterd.* 1723 & suiv. 11 vol. in fol. g. p. v. f. premiere Edition.

2429 La Forêt nuptiale, où est représentée une variété bigartée de divers Mariages, selon qu'ils sont observés & pratiqués par plusieurs Peuples. *Paris*, 1600, in 12. parch.

2430 Le Manuel des Inquisiteurs. *Lisbonne*, 1762, in 12.

2431 Mémoires pour servir à l'Histoire de la Fête des Foux, par du Tilliot. *Lausanne*, 1741, in 4. br.

H I S T O I R E   P R O P H A N E

DES MONARCHIES ANCIENNES.

2432 Histoire des Juifs, trad. de Flavius Joseph, par M. Arnault d'Andilly. *Paris*, 1717, 5 vol. in 12. v. b.

2433 Histoire des Juifs, depuis Jésus-Christ, jusqu'à présent, par Basnage. *La Haye*, 1716, 15 vol. in 12. v. f.

2434 Histoire des Juifs & des Peuples voisins, par Prideaux. *Amsterdam*, 1722, 5 vol. in 12. v. f.

2435 Abrégé chronologique de l'Histoire des Juifs. *Par.* 1759, in 8. v. m.

2436 Benedicti Ariæ Montani, Antiquitatum Judaicarum Libri IX. *Lugd. Bat.* 1593, in 4. parch.

2437 Histoire ancienne des Egyptiens, &c. par Rollin. *Paris*, veuve Estienne, 1740, 6 vol. in 4. v. f.

2438 L'Histoire de Thucydide, trad. par Perrot d'Ablancourt. *Paris*, 1671, 3 vol. in 12. v. b.

H I S T O I R E   R O M A I N E.

2439 Sexti Aurelii Victoris Historiæ Romanæ Breviarium, cum notis Variorum, ex editione Samuelis Pitisci. *Trajecti ad Rhenum*, 1696, in 8. v. b.

2440 C. Julii Cæsaris Commentarii cum annotationibus Clarke. *Londini*, Tonson, 1712, in fol. fig. m r.

2441 C. Cornelius Tacitus, cum notis Hugonis Grotii. *Lugd. Bat.* ex Officina Elzeviriana, 1640, 2 vol. in 16. m. b.

2441. Double.

2442 C. Suetonius Tranquillus de vita XII Cæsarum, cum Comment. Ant. Sabellici. *Venetiis per Damianum de Mediolano*, anno 1493, in fol. baſ.   — 1 — 1 —

2443 Caius Suetonius Tranquillus, cum notis Variorum. *Lugd. Bat.* 1647, in 8. vél.   1 — 10 —

2444 L'Hiſtoire auguſte de ſix Auteurs anciens, Spartien, Capitolin, Lampride, Gallican, Pollien & Vopiſcus, trad. avec des Remarques par l'Abbé de Marolles. *Par.* 1667, in 8. v. m.   — 1 — 10

2445 Le Recueil des Hiſtoires Romaines, extrait de pluſieurs Hiſtoriographes. *Paris*, in fol. goth. v. b.

2446 Les Geſtes Romaines, & les Statuts & Ordonnances des Héraux d'armes, trad. en franç. par Robert Gaguin. *Paris*, Ant. Verard, in fol. goth.   3 — 13 —

2447 Hiſtoire des deux Triumvirats, par Larrey. *Amſterd.* 1719, 3 vol. in 12. v. m.   3 — 15 —

2448 Les Chroniques & Geſtes admirables des Empereurs avec les effigies d'iceux, par Guillaume Gueroult. *Lyon*, 1552, in 4. v. b.   1 — 5 —

2449 Vies des Empereurs Tite, Antonin & Marc Aurele, par Gautier de Sibert. *Paris*, 1769, in 12. v. f.   2 — 11 —

2450 Hiſtoire de Théodoſe le Grand, par Fléchier. *Paris*, 1679, in 4. v. f.   3 — 4 —

2451 Mort courageuſe de Sophonisba, par de Reboul. *Paris*, 1599, in 12. parch.

2452 L'Hiſtoire de Geoffroy de Ville-Hardouyn, par Blaiſe de Vigenere. *Paris*, 1584, in 4. v. b.   1 — 5 —

2453 Hiſtoire de l'Empire de Conſtantinople, par le même, avec les Notes de C. Dufreſne ſieur Ducange. *Paris*, Imprimerie Royale, 1657, in fol. v. f.   12 — —

HISTOIRE D'ITALIE.

2454 PRINCES Souverains de l'Italie, ou Traité de leurs Etats, &c. par N. Sanſon. in 8. v. m.

2455 Les Délices de l'Italie, par de Rogiſſart. *Leyde*, 1706, 3 vol. in 12. v. f.   7 — 5 —

2456 Traité de la grande prudence & ſubtilité des Italiens, par laquelle ils dominent ſur pluſieurs peuples de la chrétienté, & ſavent dextrement tirer la quinteſſence de leurs bourſes; comme ils ſe conſervent en cela, &   4 — 7

des remedes convenables pour y oppofer. 1590 , in 12.

2457 Examen de la liberté originaire de Venife. *Ratif-bonne* , 1677 , in 12. v. b.

2458 Les Mémoires de Colonne, Connétable du Royaume de Naples. *Cologne* , 1676 , in 12. baf.

2459 Defcription de l'Ifle de Sicile, par Agatin Apary. *Amfterdam* , 1734 , in 8. v. m.

2460 Défenfe de la Monarchie de Sicile, contre les entreprifes de la Cour de Rome. 1716 , in 12. v. b.

2461 Relation de l'état de Gennes, par le Noble. *Paris* , 1690 , in 12. v. b.

2462 Mémoires hiftoriques fur les principaux événemens arrivés dans l'Ifle de Corfe depuis l'année 1738 , par Janffin. *Laufanne* , 1758 , 2 vol. in 12. v. m.

2463 Hiftoire de Caftruccio Caftracani , Souverain de Lucques. *Paris* , 1671 , in 12. v. f.

2464 Apologie Françoife pour la Maifon de Savoye. *Chambery* , 1631 , in 4. parch.

2465 Mémoires contenant les Intrigues fecretes & malverfations du Duc de Savoye. *Bafle* , 1705 , in 12. v. b.

HISTOIRE DE FRANCE.

2466 COMPENDIUM Roberti, Gaguini, fuper Francorum geftis. in fol. baf.

2467 Chroniques & Annales de France. *Paris* , 1541 , in fol. non relié.

2468 Hiftoire de France, par F. E. de Mezeray. *Paris* , Mathieu Guillemot, 1643 , 3 vol. in fol. gr. p. m. r. très rare.

2469 Abrégé chronologique de l'Hiftoire de France , par Mézeray. *Paris* , T. Jolly, 1668 , 3 vol. in 4. m. r. l. r.

2470 Le même. *Amfterdam* , 1682 , 7 vol. in 12. v. f.

2471 Mémoires hiftoriques & critiques fur divers points de l'Hiftoire de France, par le même. *Amfterdam*, 1722, 2 tom. 1 vol. in 12. v. f.

2472 Comparaifon des deux Hiftoires de Mezeray & du P. Daniel, en deux Differtations, par Daniel Lombard. *Amfterdam* , 1723 , in 4. parch.

2473 Nouvel Abrégé Chronologique de l'Hiftoire de France, par le Pref. Henault. *Paris* , 1744 , in 8. v. m.

2474 Le même. *Paris*, 1749, in 4. gr. pap. m. b. l. r.

2475 Abrégé de l'Histoire de France, en vers, par de Berigny. *Paris*, 1679, in 12. v. b.

2476 Observations sur l'Histoire de France, par l'Abbé de Mably. *Geneve*, 1765, 2 vol. in 12. v. m.

2477 Essai sur les guerres civiles de France, trad. de l'Anglois, par Voltaire. *La Haye*, 1729, in 8. v. m.

2478 Le Berceau de la France. *La Haye*, 1744, 3 part. 1. vol. in 12.

2479 Un Manuscrit en quatre volumes in folio, que l'on croit avoir été composé par M. l'Abbé de Longuerue. Le premier volume contient un Traité de l'ancienneté du Royaume de France ; le second, une Chronique abrégée des Rois de France, des Rois d'Angleterre, des Empereurs & des Papes ; le troisieme, des Extraits historiques ; le quatrieme, des Maximes morales.

2480 De l'Excellence des Rois & du Royaume de France. *Paris*, 1610, in 8. v. f.

2481 La Biographie & Prosographie des Rois de France. *Paris*, 1583, in 8. parch.

2482 Les anciennes & modernes généalogies des Rois de France. *Paris*, 1541, in 8. goth. br.

2483 Les Devises des Rois de France. *Paris*, 1609, in 8. m. r.

2484 Les Fastes des Rois de la Maison d'Orléans & de celle de Bourbon. *Paris*, 1697, in 8. v. b.

2485 Les Passages d'Outre Mer de Godefroy de Bouillon. *Paris*, 1497, in 8. gothique. m. r.

2486 Histoire & Chronique de St. Louis, par Joinville. *Poitiers*, in 4. parch.

2487 La même. *Paris*, Cramoisy, 1668, in fol. v. f.

2488 La même. *Paris*, Imprim. Royale, 1761, in fol.

2489. La Vie du Bienheureux St. Louis, Roi de France, mise en vers françois, par François de Sarcé. *Paris*, 1619, in 8. br.

2490 Histoire du différend d'entre le Pape Boniface VIII. & Philippe le Bel, Roi de France. *Paris*, 1655, in fol. m. r.

2491 Histoire de Jean de Boucicaut, par Théodore Godefroy. *Paris*, 1620, in 4. v. b.

2492 Les Œuvres de Me. Alain Chartier, revues & corrigées par André Duchesne. *Paris*, 1617, in 4. v. b.

2493 Discours sur l'Histoire de Charles VII, écrite par Alain Chartier. *Paris*, 1594, in 8. v. m.

2494 L'Histoire & Discours au vrai du Siege qui fut mis devant la Ville d'Orléans. *Orléans*, 1606, in 8. v. m.

2495 Recueil d'Inscriptions proposées pour remplir les tables d'attente, étant sous les Statues du Roi Charles VII. & de la Pucelle d'Orléans *Par.* 1628, in 4. parch.

2496 Les Mémoires de Phil. de Comines, avec les notes de Godefroy. *Paris*, 1649, in fol. v. f.

2497 Les mêmes, avec les notes de l'Abbé Lenglet du Fresnoy, & les Portraits d'Odieuvre. *Paris*, 1747, 4 vol. in 4. gr. pap. v. f.

2498 La Chronique du très chrétien & victorieux Roi Louis XI. *Paris*, 1558, in 8. v. f.

2499 Histoire de Louis XI, par Duclos. *Paris*, 1745, 4 vol. in 12. v. f.

2500 La Victoire du Roi contre les Vénitiens. *Paris*, Ant. Verard, 1510, in 4. goth. v. m.

2501 Le Panégyrique du Chevalier sans reproche, (Louis de la Tremoille), par Jean Bouchet. *Poitiers*, 1527, in 4. goth. v. f.

2502 Triomphes de François I, Roi de France. *Poitiers*, 1550, in fol. parch.

2503 Lettres & Mémoires d'Etat recueillies par Ribier. *Paris*, 1666, 2 vol. in fol. baf.

2504 Faits & Dits mémorables de plusieurs grands Personnages & Seigneurs François, & des choses advenues en France sous François I, &c. 1565, in 12. v. f.

2505 Histoire de l'exécution de Cabrieres & de Merindol. *Paris*, 1645, in 4. v. m.

2506 La Complainte de trois Gentilshommes François, occis & morts au voyage de Carrignan, par Franç. de Sagon. *Paris*, 1544. in 8. v. b.

2507 Le très excellent enterrement de Claude de Lorraine, Duc de Guise, par Emond du Boullay. *Paris*, 1550, in 8. v. m.

2508 Remontrance à la Reine mere du Roi, par ceux qui sont persécutés pour la parole de Dieu. 1561, in 12. v. m.

2509 Pæanes, sive Hymni in triplicem victoriam Caroli IX. Galliarum Regis, Auctore Jo. Aurato. *Lutetiæ*, 1569, in 4. m. r.

2510 Discours des choses les plus remarquables avenues par chacun jour durant le Siége de Lusignan, en l'an 1574. 1575, in 12. v. m. ... 2 .. 1 ..

2511 Le Cabinet du Roi de France, dans lequel il y a trois Perles précieuses d'inestimable valeur, par Nicolas Froumenteau 1581. in 8. m b. — 13 .. 13

2512 Recueil des choses mémorables advenues sous la ligue. 1587, 4 vol. in 8. 4 — 4

2513 Le Masque de la Ligue & de l'Espagnol découvert. Tours, 1590, in 8. v. m. 9 .. "

2514 Mémoires de Condé, avec les notes de MM. Secousse & Lenglet du Fresnoy. Paris, Rollin fils, 1743, 6 vol. in 4. gr. pap. v. f. 109 .. 19

2515 Les trois Visions de Childeric IV, Roi de France; Pronostic des guerres civiles de ce Royaume. Paris, 1595, in 8. parch. 2 .. •

2516 Le Boute-feu des Calvinistes. Francfort, 1584; in 8. v m. 6 .. •

2517 Légende de Dom Claude de Guyse, Abbé de Cluguy. 1581, in 12. m. v. 10 .. •

2518 La Vie & Innocence des deux Freres (le Cardinal & le Duc de Guise). Paris, 1580, in 8. m. r. 12 .. 3

2519 La Guisiade, tragédie, en laquelle est représenté le massacre du Duc de Guise, par Pierre Matthieu. Lyon, 1589, in 8. v. m. Rare. 3 .. •

2520 Réponse à l'Epître de Charles de Vaudemont, Cardinal de Lorraine. 1565, in 8. v. m.

2521 Le Réveille-matin des François, & de leurs voisins, par Eusebe Philadelphe Cosmopolite. Edimbourg, 1574, in 8. v. m. 4 — 4

2522 Histoire des choses les plus remarquables advenues au Royaume de France, ès années 1587, 88 & 89. Paris, 1590, in 8. v. m. 2 .. 1 ..

2523 Moyens d'abus, entreprises & nullités du Rescrit & Bulle du Pape Sixte V. contre Henri de Bourbon, Roi de Navarre. 1586, in 8. v. b. 4 — 6

2524 Philippiques contre les Bulles, & autres Pratiques de la Faction d'Espagne. Tours, 16.1, in 8. v. f. 3 .. 12 ..

2525 De l'origine, vérité & usance de la Loi Salique, fondamentale & conservatrice de la Monarchie Françoise. Tours, 1590, in 4. v. m. 4 .. 15 .

2526 Examen du Discours publié contre la Maison Royale 6 .. ..

R

2515 - Double .. 2 —

2519 - Double .. 9 .. 19

de France, fur la Loi Salique & fucceffion du Royaume, 1587, in 8. m. b.

2527 Réponfe des vrais Catholiques François, à l'avertiffement des Catholiques Anglois, pour l'exclufion du Roi de Navarre, de la Couronne de France. 1588, in 8. v. m.

2528 Difcours fur l'état préfent de la France. 1595, in 12. v. m.

2529 Procédure faite contre Jean Chatel. *Paris*, 1595, in 8. v. m.

2530 L'Anti-Hermaphrodite. *Paris*, 1606, in 8. v. b.

2531 Lettre Myftique, Réponfe, Réplique. *Leyde*, 1603, in 12. v. m.

2532 Mémoires de Maximilien de Béthune, Duc de Sully, mis en ordre par l'Abbé de l'Eclufe. *Londres*, 1745, 3 vol. in 4. v. f. avec les portraits d'Odieuvre.

2533 Les Aventures du Baron de Fœnefte, par Théodore Agrippa d'Aubigné. *Cologne*, 1729, 2 vol. in 8. v. b.

2534 Difcours de la Vie & Faits héroïques de M. de la Vallette, Amiral de France, par de Mauroy. *Metz*, 1624, in 4. v. m.

2535 Le Roi triomphant, par Alexandre de Pontaymery. *Lyon*, 1594, in 4. parch.

2536 L'Oracle, ou Chant de Protée, où font prédites les glorieufes victoires de Henri IV, par Jean Godard. *Lyon*, 1594, in 4. parch.

2537 L'Avant victorieux. *Orthes*, 1610, in 8. v. m.

2538 Lettres du Cardinal d'Offat, avec des notes hiftoriques, par Amelot de la Houffaye. *Paris*, 1698, 2 vol. in 4. v. f.

2539 Le Bouclier d'honneur, où font repréfentés les beaux faits de Louis Berton de Crillon. *Avignon*, in 8. br.

2540 Le Tombeau de Jean Louis de la Rochefoucault, par N. le Digne. *Paris*, 1600, in 12. v. b.

2541 Hift. de la Vie, Faits héroïques, & Voyages de très valeureux Prince Louis III, Duc de Bourbon. *Paris*, 1611, in 8. br.

2542 Mémoires de plufieurs chofes confidérables avenues en France, depuis l'année 1607. *Paris*, 1634, in 12. v. m.

2543 Hiftoire de la mort déplorable de Henry IV, par P. Matthieu. *Paris*, 1611, in fol. v. f.

2544 Poéſies diverſes ſur le trépas de Henry le Grand, par G. Dupeyrat. *Paris*, 1611, in 4. m. r.

2545 Hiſtoire des dérniers troubles de France, ſous Henry III & Henry IV. 1601, in 8. parch.

2546 Recueil Chrétien, où eſt une prophétie de Sainte Brigitte, promettant au Roi & aux Chrétiens une grande proſpérité, par G. de Bonnet. *Paris*, 1611, in 8. v. b.

2547 Les Mémoires de la Régence de la Reine Marie de Medicis. *Paris*, 1666, in 12. v. b.

2548 L'Entrée de Marie de Médicis dans Amſterdam. *Amſterdam*, 1638, in fol. fig. v. b.

2549 Négociation avec la Reine Marie de Médicis, mere de Louis XIII. par le Comte de Béthune. *Paris*, 1674, in fol. v. f.

2550 Mémoires du Duc de Rohan, ſur les choſes advenues en France depuis la mort d'Henry le Grand, 1646, in 12. v. b.

2551 La Conjuration de Conchine. *Paris*, 1618, in 12.

2552 Les auguſtes & fideles Amours du Haut & Puiſſant Cavalier Le Fort-Louis, filleul du Roi, avec la belle, riche & noble Rochelle. *Fontenay*, 1625, in 12. m. r.

2553 Obſervations ſur la Vie & la Condamnation du Maréchal de Marillac, par Paul Hay du Chatelet. *Paris*, 1633, in 12. v. m.

2554 La Fortune de la Cour, ou Diſcours curieux ſur le Bonheur & le Malheur des Favoris, entre les ſieurs de Buſſy d'Amboiſe & de la Neuville. *Par.* 1644, in 8. v. f.

2555 Mémoires de M. D. L. R. *Cologne*, 1663, in 12. m. r.

2556 Hiſtoire du Maréchal de Toiras. *Paris*, 1644, in fol. v. f.

2557 Mémoires de M. de B***. *Amſterdam*, 1711, 2 vol. in 12. v. b.

2558 Mémoires de Montchal. *Roterd.* 1718, in 12. v. f.

2559 Hiſtoire du Regne de Louis XIII, par Michel le Vaſſor. *Amſterdam*, 1701, 10 tom. 11 vol. in 12. v. f.

2560 Les Amours du Roi & de la Reine, ſous le nom de Jupiter & de Junon, par de la Serre. *Paris*, 1625, in 4. v. f.

2561 La France conſolée, Epithalame pour les noces du Roi Louis XIII, par Favereau. *Paris*, in 8. parch.

2562 Le Paranymphe de la Cour, où ſont dépeintes les vertus héroïques du Roi, par Clys. *Rouen*, 1628, in 8. m. r.

R ij

2563 Le Parnaffe Royal, ou les Immortelles Actions de Louis XIII font publiées. *Paris*, 1635, in 4. v. b.

2564 Les Triomphes de Louis le Jufte. *Rheims*, 1629, in 4. parch.

2565 Lettres de MM. d'Avaux & Servien, Ambaffadeurs pour le Roi de France en Allemagne, concernant leurs différens, & leurs réponfes. 1650, in 12. parch.

2566 Le Tableau de la Vie & du Gouvernement des Cardinaux Richelieu & Mazarin, & de M. de Colbert, repréfenté en diverfes Satyres & Poéfies ingénieufes. *Cologne* 1694, in 12. baf.

2567 Jugement de tout ce qui a été imprimé contre le Cardinal Mazarin, par Naudé. édit. de 718 pages, in 4. v. m.

2568 Le Gouvernement Préfent, ou Eloge de fon Eminence, Satyre, ou la Miliade, in 8. br. Rare.

2569 Mémoires de Mademoifelle de Montpenfier. *Amfterdam*, Wetftein, 1735, 8 tomes en 4. vol. in 12 v. b.

2570 Mémoires du Cardinal de Retz. *Amfterdam*, 1721, 4 vol. in 12. v. m.

2571 Mémoires de Guy Joly. *Amfterdam*, 1738, 2 vol. in 12. v. m.

2572 Mémoires de Madame la Duchefle de Nemours. *Amfterdam*, 173*, in 12. v. m.

2573 Le Courier burlefque, envoyé à M. le Prince de Condé, pendant fa prifon. *Paris*, 1650, 2 vol. in 12. parch.

2574 Mémoires de M. L. C. D. R. (Le Comte de Rochefort). *La Haye*, 1688, in 12. v. m.

2575 Mémoires de Meffire Robert Arnauld d'Andilly. *Hambourg*, 1734, 2 part. 1 vol. in 12. v. f.

2576 Mémoires de J. B. de la Fontaine. *Cologne*, 1699, in 12. v. b.

2577 Les Mémoires de Roger de Rabutin, Comte de Buffy *Paris*, 1696, 3 vol. in 12. v. f.

2578 La Campagne des François en Candie, en vers héroï-comiques, par de Loutaud. *Paris*, 1670, in 12.

2579 Campagne de Hollande en l'année 1672, fous les ordres de M. de Luxembourg. *La Haye*, 1759, in fol.

2580 Le Mercure Guerrier, par Colletet. *Paris*, 1674, in 12. parch.

2581 Hiftoire du Vicomte de Turenne, par de Ramfay. *Paris*, 1735, 2 vol. in 4. gr. pap. v. f.

2582 Mémoires du Comte de Forbin. *Amsterdam*, 1729, 2 vol. in 12. . . 2 . . 10

2583 La France sans bornes, comment arrivée à ce pouvoir suprême, & par la faute de qui. *Cologne*, 1684, in 12 v. b. . . 2 . . "

2584 Mémoires de la vie de François Dusson. *Amsterdam*, 1677, in 12. v. m. — 1 . 4

2585 Remarques sur le Gouvernement du Royaume durant les Regnes de Henri IV, Louis XIII, & Louis XIV. *Cologne*, 1688, in 12. v. m. — 1 . . 13 . .

2586 La France ruinée sous le regne de Louis XIV, par qui & comment; avec les moyens de la rétablir en peu de tems. *Cologne*, 1696, in 12. v. m. — 2 . . 11 . .

2587 Le Portrait du Roi, par de la Serre. *Paris*, 1663, in fol. v. f. — 1 . . " . .

2588 Parallele poétique de Louis le Grand, avec les Princes surnommés Grands, par de Vertron. *Au Havre*, 1686, in 12. v. b.

2589 Les Emblêmes & Devises du Roi, par Gisley. 1656, in 4. } 2 . . 10

2590 Médailles sur les principaux événemens du regne de Louis le Grand. *Paris*, Imp. Royale. 1702, in 4. baf. — 3 . . 15 .

2591 Les mêmes, avec la Préface. *Paris*, 1702, in fol. m. r. — 31 . . 10

2592 Les mêmes. *Paris*, 1723, in fol. gr. pap. v. m. — 36 . 16

2593 Mémoires de M. du Guay-Trouin. 1740, in 4. v. ec. — 6 . . 2 . .

2594 Mémoires de Madame de Staal. (*Paris*), 1755, 4 vol. in 12. m. r. — 10 . . 10

2595 Le Sacre de Louis XV dans l'église de Rheims, le 25 Octobre 1722. grand in fol. m. r. — 68 . . .

Histoire générale & particuliere des Villes & Provinces de France.

2596 Plan de Paris, par l'Abbé de la Grive, grand in fol. m. r. — 13 .

2597 Description de Paris, par Piganiol de la Force. *Paris*, 1742, 10 vol. in 12. fig. v. f. — 18

2598 Recueil des principaux Titres concernant l'acquisition de la propriété des Masures & Place où a été bâtie la Maison appellée l'Hôtel de Bourgogne, sise en cette Ville de Paris. *Paris*, 1632, in 4. br. — 1 . . 12 .

2582 Double — 3 . . 1 . .
2586 Double — 1 — 18 .

6 . . 16 2599 Histoire de la Ville d'Amiens, par le P. Daire. *Paris*, 1757, 2 vol. in 4. v. m.

1 . . . 2600 Britannia, ou recherche de l'antiquité d'Abbeville, par N. Sanson. *Paris*, 1636, in 8. v. m.

2 . . . 2601 Mémoires des Pays, Villes & Comté de Beauvais & Beauvaisis, par Ant. l'Oisel. *Paris*, 1617, in 4. v. m.

1 . . . 2602 Histoire de Tournay, par Jean Cousin. *Douay*, 1620, in 4. v. m.

2 . . 1. 2603 Les Illustrations de la Gaule Belgique. *Paris*, François Regnault, 1531, in fol. v. f.

2604 Les Actions héroïques de la Comtesse de Monfort, Duchesse de Bretagne. *Paris*, 1697, in 12. v. b.

2 . . 10 2605 Histoire de Berry, par Jean Chaumeau. *Lyon*, 1566, in fol. parch.

2 . . 10 2606 Histoire de Berry, par le P. Labbe. *Paris*, 1647, in 12. v. f.

2 . . 7. 2607 Joannis Jacobi Chiffletii Vesontio civitas imperialis libera. *Lugduni*, 1615, in 4. v. b.

8 . . 19. 2608 Histoire de la Ville de Lyon, par le pere Menestrier. *Lyon*, 1696, in fol. baf.

6 . . 16. 2609 Histoire du pays de Forez, par J. M. de la Mure. *Lyon*, 1674, in 4. v. b.

15 . . . 2610 Description de la Limagne d'Auvergne, par Ant. Chappuis. *Lyon*, 1561, in 4. v. f. Rare.

2 . . 10. 2611 Les Annales d'Aquitaine, par Jean Bouchet. *Poitiers*, 1535, in fol. parch.

4 . . . 2612 L'Histoire du Royaume de Navarre. *Paris*, 1616, in 8. v. b.

4 . . 4 2613 Histoire des Ducs, Marquis & Comtes de Narbonne, par Besse. *Paris*, 1660, in 4. parch.

4 . . 10 2614 Histoire Ecclésiastique & Civile de la Ville & Diocese de Carcassonne, par le P. Bouges. *Paris*, 1741, in 4. v. m.

1 . . . 2615 Apologie des anciens Historiens, & des Troubadours, ou Poëtes Provençaux. *Avignon*, 1704, in 8. baf.

10 . . 4 2616 Histoire du Dauphiné, par Valbonnais. *Genéve*, 1722, 2 vol. in fol. v. m.

2 . . 13 2617 Les Rois & Ducs d'Austrasie de N. Clement, trad. en françois, par François Guibaudit. *Cologne*, 1591, in 4. v. b.

1 . . . 2618 Plans & Profils des principales Villes du Duché de Lorraine, par Tassin. *Paris*, 1633, in 4. parch.

2619 Les Chroniques de la noble Ville & Cité de Metz. *Metz*, 1698, in 12. br. — 1 . . .

2620 Les Antiquités de Metz. *Metz*, 1760, in 8. v. m. — 1 . 4 .

Mélanges de l'Histoire de France.

2621 Histoire de la Pairie de France, & du Parlement de Paris, par le Comte de Boulainvilliers. *Londres*, 1740, in 12. baf. 4 . 6 .

2622 Chronologie des Etats Généraux, par Jean Savaron. *Paris*, 1615, in 8. v. m. 4 . .

2623 Histoire des Conneftables, Chanceliers, & Gardes des Sceaux, &c. par Denys Godefroy. *Paris*, 1658. 3 . 2 . in fol. v. b.

2624 Histoire de la Chancellerie de France, par Abraham Teffereau. *Paris*, 1710, 2 vol. in fol. v. b. — 16 . 19 .

2625 Histoire des Miniftres d'Etat, par Auteuil. *Paris*, 1642, in fol. baf. 3 . 3 .

2626 Histoire des Secrétaires d'Etat, par Fauvelet-du-Toc. *Paris*, 1668, in 4. v. f. 3 . .

2627 Les Eloges de tous les premiers Préfidens du Parlement de Paris, par François Blanchard. *Paris*, 1645, in fol. v. b. 4 : 1 .

2628 Histoire de la Milice Françoife, par le P. Daniel. *Paris*, Jean-Baptifte Coignard, 1721, 2 vol. in 4. gr. pap. v. f. 30 . 12 .

2629 Traité de l'épée Françoife, par Jean Savaron. *Paris*, 1610, in 8. v. f. 1 . 19 .

2630 Les Triomphes de France, par Jean Divry. *Paris*, in 4. goth. baf. 1 . 10 .

2631 Recherches curieufes des Monnoies de France, par Claude Bouterouë. *Paris*, 1666, in fol. gr. pap. m. r. Rare. 162 . 1 .

2632 Traité hiftorique des Monnoies de France, par le Blanc. *Paris*, 1703, in 4. v. f. 13 . 19 .

2633 Defcription des Fêtes données par la Ville de Paris, à l'occafion du mariage de Madame Louife Elifabeth de France, & de Dom Philippe, Infant d'Efpagne. *Paris*, 1740, grand in fol. m. r. 12 . 13 .

4 .

2623 Double

H I S T O I R E D'A L L E M A G N E.

2634 GERMANICARUM rerum quatuor celebriores ve-
tuftiorefque Chronographi. *Francofurti*, 1566, in f. baf.

2635 Hiftoire du Prince Franç. Eugene de Savoye. *Amfterdam*, 1740, 5 vol. in 12. v. f.

2636 Hiftoire tragique de tout ce qui fe paffa au Banquet
Warfuzeen. *Liege*, 1637, in 8. v. m.

2637 Hiftoire de Baviere, par le Blanc. *Paris*, 1680, 4
vol. in 12. v. b.

2638 Mémoires pour fervir à l'Hiftoire de la Maifon de
Brandebourg. *Berlin*, 1751, in 4. v. m.

2639 Relation du Siege de Bude. *Touloufe*, in 12. parch.

*Hiftoire des Pays-Bas, & des Provinces-Unies des
Pays-Bas.*

2640 La Légende des Flamans. *Paris*, Galliot du Pré,
1558, in 8. m v.

2641 Commentaires des dernieres guerres en la Gaule
Belgique, par François de Rabutin. *Paris*, 1574,
in 8. v. f.

2642 Hiftoire du bon Chevalier Jacques de Lalain, par
Geor. Chaftellain. *Bruxelles*, 1634, in 4. velin.

2643 Le Miroir de la cruelle & horrible tyrannie Efpa-
gnole, perpétrée aux Pays-Bas, par le Duc d'Albe,
Amfterdam, 1620. ═ Le Miroir de la tyrannie Efpa-
gnole, perpétrée aux Indes Occidentales, trad. de Bar-
tho. de Las Cafas. *Amfterdam*, 1620, in 4. fig. v. f.

2644 Annales & Hiftoires des troubles du Pays-Bas, par
Hugues Grotius. *Amfterdam*, 1662, in fol. v. b.

2645 Hiftoire de la guerre de Flandre, trad. du latin de
Strada, par Du-Ryer. *Paris*, 1675, 4 vol in 12. v. b.

2646 Defcriptions des Siéges, Batailles, Rencontres, &
autres chofes advenues durant les guerres des Pays-Bas.
Amfterdam, 1616, in 4. fig. oblong. v. f.

2647 Hiftoire de l'Archiduc Albert. *Cologne*, 1693,
in 12. v. m.

2648 Relationi del Cardinale Bentivoglio. *In Colonia*,
1630, in 4. parch.

2649 Pompa triumphalis introitûs Ferdinandi Auſtriaci, in urbem Antuerpiam. *Antuerpiæ*, 1636, in fol. velin.

2650 Hiſtoire des Provinces Unies des Pays-Bas, par le Clerc. *Amſterdam*, 1728, 4 vol. in fol. v. f.

2651 Hiſtoire abrégée des Provinces-Unies des Pays-Bas. *Amſterdam*, 1701, in fol. fig. v. b.

2652 Hiſtoire du Stadhouderat, depuis ſon origine juſqu'à préſent, par l'Abbé Raynal. *La Haye*, 1748, in 12. v. f.

2653 La même. 1750, 2 vol. in 8. m. r.

2654 Tableau de l'Hiſtoire des Princes & Principauté d'Orange. *La Haye*, 1640, in fol. v. b.

2655 Mémoires de Jean de Wit, trad. en françois. *La Haye*, 1709, in 12. v. f.

2656 Mémoires du Comte de Montbas, ſur les affaires de Hollande. *Utrecht*, 1673, in 12. parch.

Hiſtoire d'Eſpagne & de Portugal.

2657 Hiſtoire de la conquête d'Eſpagne par les Mores, trad. en françois. *Paris*, 1680, 2 vol. in 12. v. f.

2658 Hiſtoria de las guerras civiles de Granada. *En Paris*, 1660, in 8. v. b.

2659 Hiſtoire des guerres civiles de Grenade. *Paris*, 1608, in 8. m. v.

2660 La même. *Paris*, 1683, 3 vol. in 12 v. b.

2661 Hiſtoire du Miniſtere du Cardinal Ximenès, par Marſolier. *Paris*, 1704, 2 vol. in 12. v. m.

2662 Mémoires de la Cour d'Eſpagne. *Paris*, 1690, 2 vol. in 12. v. b.

2663 Antipatia de los Franceſes y Eſpañoles, conpueſta por el Doctor Carlos Garcia, & mis en françois. *Rouen*, 1630, in 12. parch.

2664 Hiſtoire de D. Juan de Portugal, fils de D. Pedre, & d'Inès de Caſtro. *Paris*, 1724, in 12. v. b.

2665 Relation des troubles arrivés dans la Cour de Portugal. *Paris*, 1674, in 12. v. f.

Hiſtoire d'Angleterre & d'Ecoſſe.

2666 Hiſt. de la Maiſon de Plantagenet, trad. de l'Anglois de M. Hume. *Amſterdam*, 1765, 2 vol. 4. v. m.

S

2667 Hift. de la Maifon de Tudor, trad. de l'Anglois de M. Hume. *Amfterdam*, 1763, 2 vol. in 4. gr. pap. v. m.

2668 Hift. de la Maifon de Stuart, trad. de l'Anglois de M. Hume. *Londres*, 1760, 3 vol. in 4. v. m.

2669 Hiftoire des révolutions d'Angleterre, par le Pere d'Orléans. *La Haye*, 1723, 3 vol. in 12. fig v. f.

2670 Hiftoire du regne de Henry VII. Roi d'Angleterre, par Franç. Bacon. *Paris*, 1627, in 8. v. f.

2671 Fragmenta Regalia, ou le Caractere véritable d'Elifabeth, Reine d'Angleterre, & de fes Favoris. *Rouen*, 1683, in 12. parch.

2672 Difcours de la vie abominable, rufes, trahifons, meurtres & impoftures du Mylord Leceftre, 1585, in 8. v. m.

2673 Prédiction, où fe voit comme le Roi Charles II doit être remis aux Royaumes d'Angleterre, après la mort de fon pere. *Rouen*, 1650, in 12. parch.

2674 Les vraies caufes des derniers troubles d'Angleterre. *Orange*, 1653, in 12. v. m.

2675 Entretiens touchant l'entreprife du Prince d'Orange fur l'Angleterre. *Paris*, 1689, in 12. v. b.

2676 Abrégé de la vie du Duc de Marlborough, & du Prince Eugene de Savoye. *Amfterdam*, 1714, in 12. v. b.

2677 Lettres de Filtz Moritz, fur les affaires du tems, trad. de l'Anglois, par de Garnefai. *Rotterdam*, 1718, in 12. v. b.

2678 Mémoires de Melvil, trad. de l'Anglois. *Edimbourg*, 1745, 2 vol. in 12. baf.

2679 La conduite des Cours de la Grande-Bretagne & d'Efpagne, par rapport aux affaires préfentes. *Amfterdam*, 1720, in 12. v. m.

2680 Le Peuple inftruit, ou les Alliances, dans lefquelles les Miniftres de la Grande-Bretagne ont engagé la nation. 1756, in 12. v m.

2681 Mémoire hiftorique fur la négociation de la France & de l'Angleterre. *Paris*, Imp. Royale, 1761, in 8. br.

2682 Hiftoire du Parlement d'Angleterre, par l'Abbé Raynal. *Londres*, 1748, in 12. v. m.

2683 Les mœurs Angloifes. *La Haye*, 1758, in 8. v. m.

2684 Apologie, ou Défenfe de l'honorable Sentence, & très-jufte exécution de défunte Marie Stuard derniere Reine d'Ecoffe, trad. de l'Anglois. 1588, in 8. v. m.

2685 Hiftoire, Vie & Mort de Jacques V. Roi d'Ecoffe. *Paris*, 1621, in 8. v. m.

HISTOIRE DES PAYS SEPTENTRIONAUX.

2686 ABRÉGÉ chronologique de l'Histoire du Nord, par M. la Combe. *Paris*, 1762, 2 vol. in 8. v. m.

2687 Histoire des révolutions de Suede, par l'Abbé de Vertot. *Paris*, 1722, 2 vol. in 12. v. m.

2688 Histoire de Charles XII. Roi de Suede, par Voltaire. *Bâle*, 1732, in 8. v. b.

2689 Histoire de la Laponie, trad. du latin de Scheffer. *Paris*, 1678, in 4. fig. v. f.

2690 Description & Histoire naturelle de Groenland, par Eggede, trad. en François. *Copenhague*, 1763, in 8. br.

HISTOIRE ORIENTALE.

2691 BIBLIOTHEQUE orientale, par d'Herbelot. *Paris*, 1697, in fol. v. m.

2692 Histoire de l'état présent de l'empire Ottoman, par Briot. *Paris*, 1670, in 4. m. r. fig. de le Clerc.

2693 Anecdotes, ou Histoire de la Maison Ottomane. *Lyon*, 1724, 2 vol. in 12. v. m.

2694 Les mêmes. *Lyon*, 1724, 4 vol. in 12. v. f.

2695 Mémoires de la Croix, contenant diverses Relations très curieuses de l'Empire Ottoman. *Paris*, 1684, 2 vol. in 12. v. b.

2696 Mœurs & Usages des Turcs, par Guer. *Paris*, Coustelier, 1746, 2 vol. in 4. g. p. v. f.

Histoire de l'Asie, de l'Afrique & de l'Amérique.

2697 L'Ambassade de D. Garcias de Silva Figueroa, en Perse, trad. de l'Espagnol, par de Wicqfort. *Paris*, 1667, in 4. v. b.

2698 Relation de l'expédition de Moka. *Paris*, 1739, in 12. v. f.

2699 Relation de ce qui s'est passé dans les Royaumes de

Maduré, de Tangeor, &c. par le P. Hyacinthe de Magiſtris. *Paris*, 1653, in 8.

2700 Hiſtoire de l'Iſle de Ceylan, par Jean Ribero. *Paris*, 1701, in 12. m. r.

2701 Du Royaume de Siam, par de la Loubere. *Paris*, 1691, 2 vol. in 12. fig. m. r.

2702 Hiſtoire du Japon, trad. de Kœmpfer, par J. G. Scheuchzer. *La Haye*, 1729, 2 tomes en 1 vol. in fol. fig. v. f.

2703 Ambaſſades de la Compagnie des Indes Orientales des Provinces-Unies, vers l'Empereur du Japon. *Amſterdam*, 1680, in fol. fig. v. b.

2704 Hiſtoire de la conquête de la Chine par les Tartares, trad. de l'eſpagnol en françois, par Collé. *Paris*, 1670, in 8. v. b.

2705 L'Hiſtoire du grand Empereur de Tartarie. *Paris*, 1529, in fol. goth. v. b.

2706 Hiſtoire de Tafilette le Grand, conquérant & Empereur de Barbarie. 1669, in 12. parch.

2707 Mémoires ſur le Gouvernement du Royaume de Tunis, par de St. Gervais. *Paris*, 1736, in 12. v. m.

2708 Relation de la captivité & liberté du ſieur Emanuel d'Aranda, eſclave à Alger. *Leyde*, 1671, in 12. v. b.

2709 Deſcription du Cap de Bonne Eſpérance, par Kolbe. *Amſterdam*, 1741, 3 vol. in 12. fig. v. f.

2710 Hiſtoire de la première découverte & conquête des Canaries, par Jean de Bethencourt. *Paris*, 1630, in 8. v. b.

2711 Hiſtoire générale des Indes Occidentales, par de Genillé. *Paris*, 1584, in 8. v. f.

2712 Les Mœurs des Sauvages Amériquains, par le P. Lafitau. *Paris*, 1724, 2 vol. in 4. fig. v. f.

2713 Hiſtoire de la conquête de la Floride par les Eſpagnols. *Paris*, 1685, in 12. v. b.

2714 Deſcription géographique & hiſtorique des côtes de l'Amérique Septentrionale, par Denys. *Paris*, 1672, 2 vol. in 12. v. m.

2715 Hiſtoire des mœurs & des productions du Canada. *Paris*, 1664, in 12. v. m.

2716 Hiſtoire naturelle du Canada, par P. Boucher. *Paris*, 1664. in 12. v. m.

2717 Deſcription de la Louiſiane, par le P. Louis Hennepin. *Paris*, 1683, in 12. v. b.

2718 Relation de l'établissement des François à la Marti-
nique, par le P. Jacq. Bouton. *Paris*, 1640, in 8. v. m.

2719 Histoire de St. Domingue, par le P. Charlevoix.
Paris, 1730, 2 vol. in 4. v. f.

2720 Histoire naturelle & morale des Isles Antilles de
l'Amérique. *Rotterdam*, 1658, in 4. v. b.

2721 Relation de l'Isle de Tabago, par de Rochefort.
Paris, 1666, in 12. br.

2722 Nouvelles de l'Amérique, ou le Mercure Améri-
quain. *Rouen*, 1678, in 12. v. b.

HISTOIRE HÉRALDIQUE.

2723 De la Chevalerie ancienne & moderne, par Franç.
Ant. Menestrier. *Paris*, 1683, in 12. v. b.

2724 Le Combat de seul à seul en champ clos, par Marc
de la Beraudiere. *Paris*, 1608, in 4. v. b.

2725 Histoire généalogique de la Maison de France, par
de Sainte-Marthe. *Paris*, 1647, 2 vol. in fol. v. f.

2726 La Toison d'Or, par Guillaume, Evêque de Tournay. *Paris*, François Reynault (sans date) in fol.
v. m.

2727 Histoire généalogique de la Maison d'Auvergne,
par Baluze. *Paris*, 1708, 2 vol. in fol. v. m.

2728 Extrait de la Généalogie de la Maison de Mailly.
Paris, 1757, in fol. v. f.

2729 Histoire généalogique de la Maison du Châtelet,
par Dom Calmet. *Nancy*, 1741, in fol. v. m.

ANTIQUITÉS.

2730 L. Begeri, spicilegium antiquitatis. *Colonia Bran-
denburgicæ*, 1692, in fol. fig. v. b.

2731 Joannis Meursi, Athenæ Atticæ, sive de Præcipuis
Athenarum antiquitatibus, Libri III. *Lugd. Batavorum*,
1624, in 4. v. f.

2732 J. Lipsi, Saturnalium Sermonum libri duo. *Lugd.
Bat.* 1590, in 4. fig. parch.

2733 Octavii Ferrarii, de re vestiaria libri septem. *Pata-
vii*, 1654, in 4. fig. v. b.

2734 Funérailles & diverses manieres d'ensevelir des Romains, Grecs & autres Nations, par Claude Guichard. *Lyon*, 1581, in 4. v. b.

2735 Titi Popmæ, de operis servorum liber. *Amstelodami*, 1672, in 12. v. m.

3736 Discours sur les médailles & gravures antiques, principalement Romaines, par Antoine le Pois. *Paris*, Mamert Patisson. 1579, in 4. v. f. Rare.

2737 Dialogos de Medallas, inscriciones y otras antiguedades, ex Bibliotheca Ant. Augustini. *En Madrid*, 1744, in 4. v. m.

2738 Médailles du Cabinet de la Reine Christine, trad. du latin de Sigebert Havercamp. *La Haye*, 1742, in fol. g. p. v. f.

2739 Traité des Statues, par Franç. Lemée. *Paris*, 1688. in 12. v. m.

2740 Lettre de M. l'Abbé Winkelmann à M. le Comte de Brühl, sur les découvertes d'Herculanum. *Paris*, 1764, in 4. v. m.

2741 Recherches sur les ruines d'Herculanum, par M. Fougeroux de Bondaroy. *Paris*, 1770, in 8. v. m.

2742 Lettres sur la découverte de l'ancienne Ville d'Herculane, & de ses principales antiquités, par M. Seigneux de Correvon. *Yverdon*, 1770, 2 vol. in 8. v. m.

2743 Gemmæ & sculpturæ antiquæ, depictæ a Leonardo Augustino, cum latina versione Jacobi Gronovii. *Franequeræ*, 1694, in 4. br.

2744 Traité des pierres gravées, par P. G. Mariette. *Paris*, 1750, 2 vol. in fol. m. r.

2745 Le antiche Lucerne sepolcrali, di Gio. Pietro Bellori. *In Roma*, 1691, in fol. fig. v. f.

2746 Les Observations de plusieurs singularités trouvées en Grece, par Pierre Belon. *Paris*, 1588, in 4. v. f.

H I S T O I R E L I T T É R A I R E.

2747 L'ORIGINE de l'Imprimerie de Paris, par André Chevillier. *Paris*, 1694, in 4. v. b.

2748 La même, par Prosper Marchand. *La Haye*, 1740, in 4. v. m.

2749 Discours sur l'Académie Françoise. *Paris*, 1654, in 12. v. m.

2750 La Bibliotheque de Franç. Grudé, sieur de la Croix-du-Maine. *Paris*, 1584, in fol. gr. pap. m. cit.

2751 Le Nouvelliste du Parnasse. *Paris*, 1734, 2 vol. in 12. v. m.

2752 Le Mérite vengé, ou Conversations littéraires sur divers écrits modernes, par le Chev. de Mouhy. *Paris*, 1736, in 12. v. f.

2753 Le Nouvelliste économique & littéraire. *La Haye*, 1754, 8 vol. in 12. v. m.

2754 Bibliotheca Telleriana, *Parisiis*, 1693, in fol. ch. mag. v. m.

2755 Bibliotheca Fayana. *Parisiis*, 1725, in 8. v. f. (cum pretiis).

2756 Bibliotheca Colbertina, seu Catalogus Librorum Bibliothecæ J. B. Colbert. *Parisiis*, 1728, 3 vol. in 12.

2757 Catalogue des Livres de la Bibliotheque de M. le Blanc. *Paris*, 1729, in 8.

2758 Catalogue des Livres du Cabinet de M ***. *Paris*, 1733, in 12. v. b.

2759 Catalogus Librorum Bibliothecæ Caroli Henrici Comitis de Hoym. *Parisiis*, 1728, in 8. v. éca. (cum pretiis).

2760 Catalogue des Livres de la Bibliotheque de M. le Maréchal Duc d'Estrées. *Paris*, 1740, 2 vol. in 8. v. b.

2761 Catalogue des Livres de M. Lancelot. *Paris*, 1741, in 8. v. m. (avec le prix).

2762 Catalogue des Livres de la Bibliotheque de M. le Chevalier de Charost. *Paris*, 1742, in 8. v. b.

2763 Catalogue des Livres de M. Bonnier de la Mosson. *Paris*, 1745, in 12. v. ec.

2764 Catalogue des Livres de M. l'Abbé de Rothelin. *Paris*, 1746, in 8. v. m. (avec les prix).

2765 Catalogue de la Bibliotheque de M. Burette. *Paris*, 1748, 3 vol. in 12. parch.

2766 Catalogue des Livres de M. le Président Crozat de Tugny. *Paris*, 1751, in 8. v. m.

2767 Catalogue des Livres du Cabinet de M. de Boze. *Paris*, 1753, in 8. m. c. (avec les prix).

2768 Catalogue des Livres & Estampes de M. de la Haye, *Paris*, 1754, in 8. v. écaillé (avec les prix).

2769 Catalogue des Livres de la Bibliotheque de M. Se

couffe. *Paris*, 1755. == Catalogue des Livres de la Bibliotheque de M. l'Abbé Delan. *Paris*, 1755, in 8. baf.

2770 Catalogue des Livres de M. Girardot de Prefond. *Paris*, 1757. == Catalogue des Livres de M. Gafcq de la Lande. *Paris*, 1756, in 8. v. ec. avec les prix.

2771 Catalogue des Livres de la Bibliotheque de M. J. B. Denis Guyon, de Sardiere. *Paris*, 1759, in 8. v. f.

2772 Catalogue des Livres de la Bibliotheque de M. de Selle. *Paris*, 1761, in 8. v. f. (avec les prix).

2773 Catalogue des Livres de la Bibliotheque de M. du Doyer. *Paris*, 1763, in 8. v. f. (avec les prix).

2774 Supplément à la Bibliographie inftructive, ou Catalogue des Livres du Cabinet de M. Louis Jean Gaignat. *Paris*, 1769, 2 vol. in 4. (papier d'Hollande), m. r.

2775 Catalogue des Livres de la Bibliotheque de M. G***. (Gayot). *Paris*, 1770, in 8. v. m.

2776 Liaffe de différens Catalogues, in 8. & in 12. br.

VIES DES HOMMES ILLUSTRES.

2777 PLUTARCHI Vitæ Parallelæ, è Græco in latinum verfæ. *Venetiis*, Bart. de Zanis, anno 1496, in f. baf.

2778 Vitæ Q. Sertorii, Pauli Æmilii, M. Catonis, M. Antonii, &c. ex Plutarcho in latinum tranflatæ, per Leonardum Aretinum, Franc. Philelphum & Guarinum Veronenfem. *Codex MSS. membranaceus.* in 4. velin.

2779 Les Vies des Hommes illuftres de Plutarque, trad. en françois par Jac. Amyot. *Paris*, Vafcofan, 1567, 6 vol. in 8. m. b.

2780 Les Œuvres morales de Plutarque, trad. en françois par le même. *Par.* Vafcofan, 1574, 7 vol. in 8. m. b.

2781 Les Affections de divers Amans : les Narrations d'amour de Plutarque. in 12. v. m.

2782 Hiftoire de Tullie, fille de Cicéron. in 12. v. b.

2783 De la ruine des nobles hommes & femmes, trad. du latin de Jean Bocace, en françois. *Bruges*, par Colard Manfion, 1476, in fol. v. b.

2784 Traité des mefadventures de perfonnages fignalés, trad.

trad. du latin de Jean Bocace, par Claud. Witart. Paris, 1578, in 8. v. f.

2785 Les Hommes illuftres qui ont paru en France, avec
leurs portraits, par Perrault. *Paris*, 1696, 2 tomes en
1 vol. in fol. v. f. — 36 .. 12 ..

2786 Eloges des Hommes illuftres, peints en la Gallerie
du Palais Royal, par B. Griguette. *Dijon*, 1644,
in 4. br.

2787 La Vie de Mahomet, par Prideaux. *Amfterdam*,
1698, in 12. fig. m. r. — 3 .. .. ..

2788 La même, par le Comte de Boulainvilliers. *Amfterdam*, 1731, in 12. v. f. — 3 .. 5 ..

2789 Portraits des Hommes illuftres, trad. du latin de
Théodore de Beze. 1581, in 4. v. b. — 2 .. 2 ..

2790 Mémoires de la Vie de Jacques Augufte de Thou.
Amfterdam, 1714, in 12. baf.

2791 L'Hiftoire de la vie & mort de Jean Calvin. *Genêve*,
1565, in 8. parch. — 1 .. 16 ..

2792 La Vie de Jean Bapt. Morin. *Par.* 1660, in 12. v. f. — 1 .. 17

2793 La vie du P. Paul, trad. de l'Italien. *Leyde*, Jean
Elzeviers, 1661, in 12. parch. — 1 .. 16

2794 Vie de Moliere, avec des Jugemens fur fes Ouvrages. *Paris*, 1739, in 12. v. f. — 1 .. 12 ..

2795 Effais fur les Honneurs & fur les Monumens accor-
dés aux illuftres Savans, pendant la fuite des fiecles,
par Titon du Tillet. *Paris*, 1734, in 12. v. b. — 1 .. .. ..

2796 Eloges de quelques Auteurs François, par Papillon.
Dijon, 1742, in 8. v. m. — 1 .. .. ..

2797 Hiftoire de la Vie & des Ouvrages de M. de la
Croze, par Jordan. *Amfterdam*, 1741, in 12. v. m. — 1 .. 16 ..

2798 Michaelis Maittaire, Hiftoria typographorum ali-
quot Parifienfium. *Londini*, 1717, in 8. v. f. — 7 .. 4 ..

2799 Abrégé de la vie des plus fameux Peintres, par M.
d'Argenville. *Paris*, 1745, 2 vol. in 4. fig. v. f. — 11 .. .. ..

2800 La Vie de Pierre Mignard, par de Monville. *Paris*,
1730, in 12. v. b. — 1 .. ..

Extraits Hiftoriques.

2801 Dictionnaire hiftorique, par Louis Moreri. *Paris*,
1718, 7 vol. in fol. v. b. — 23 .. 1 ..

2802 Dictionnaire hiftorique & critique, par P. Bayle.
Rotterdam, 1720, 4 vol. in fol. gr. pap. v. f. — 520 .. 1 ..

T   avec le n°. 2271.

2787. Double — 4 — 13
2789. Double — 1 — 19
2789. Triple — 4 — 19

2803 Hiſtoires prodigieuſes, Extraites des Auteurs Grecs & latins, par P. Boaiſteau. *Paris*, 1571, 2 tomes en 1 vol. in 16. v. b.

2804 Hiſtoires tragiques, trad. de l'Italien de Bandel, en franç. par P. Boaiſteau. *Lyon*, 1596, 14 vol. in 16. m. b.

2805 Hiſtoires prodigieuſes, par Belleforets. *Paris*, 1598, 6 tomes en 2 vol. in 16. v. f.

2806 Les tragiques accidens des hommes illuſtres, depuis le premier ſiecle juſqu'à préſent, par P. Boitel. *Paris*, 1616, in 12. v. f.

2807 Le Théâtre du malheur, ſur qui la fortune repré-ſente les divers accidens tragiques des Hommes & Da-mes illuſtres, par le même. *Paris*, 1622, in 8. parch.

2808 Recueil mémorable d'anciens cas merveilleux adve-nus de nos ans, par Jean de Marconville. *Paris*, 1564, in 8 v. b.

2809 Les Heures de récréation de Louis Guicciardin, trad. par Franç. de Belleforeſt. *Anvers*, 1606, in 12. v. f.

2810 Epitomé de cent Hiſtoires tragiques, par Alexandre Sylvain. *Paris*, 1580, in 8. parch.

2811 Hiſtoires tragiques de notre tems, par de St. Lazare. *Rouen*, 1651, in 8. br.

2812 Les Hiſtoires tragiques de notre tems, par Franç. de Roſſet. *Rouen*, 1688, in 8. baſ.

✝

F I N.

Lu & approuvé, le 6 Octobre 1772. **D I D O T**, *l'aîné*,
Adjoint.

De l'Imprimerie de **DIDOT**, rue Pavée. 1772.